KB209420

이민자로 태어나 불평등을 이겨낸 해리스

한계를 넘어 도전하라!

이민자로 태어나
불평등을 이겨낸 해리스

한계를 넘어 도전하라!

초판 1쇄 발행 2024년 11월 25일

지은이 하은

편집 임은경
디자인 이재호

펴낸이 이경민
펴낸곳 ㈜동아엠앤비
출판등록 2014년 3월 28일(제25100-2014-000025호)
주소 (03972) 서울특별시 마포구 월드컵북로22길 21, 2층
홈페이지 www.dongamnb.com
전화 (편집) 02-392-6901 (마케팅) 02-392-6900
팩스 02-392-6902
SNS
전자우편 damnb0401@naver.com

ISBN 979-11-6363-901-5(03320)

※ 본문에서 책 제목은 『 』, 논문, 보고서는 「 」, 잡지나 일간지 등은 《 》로 구분하였습니다.

이 책에 실린 사진은 셔터스톡, 위키피디아, 게티이미지에서 제공받았습니다.

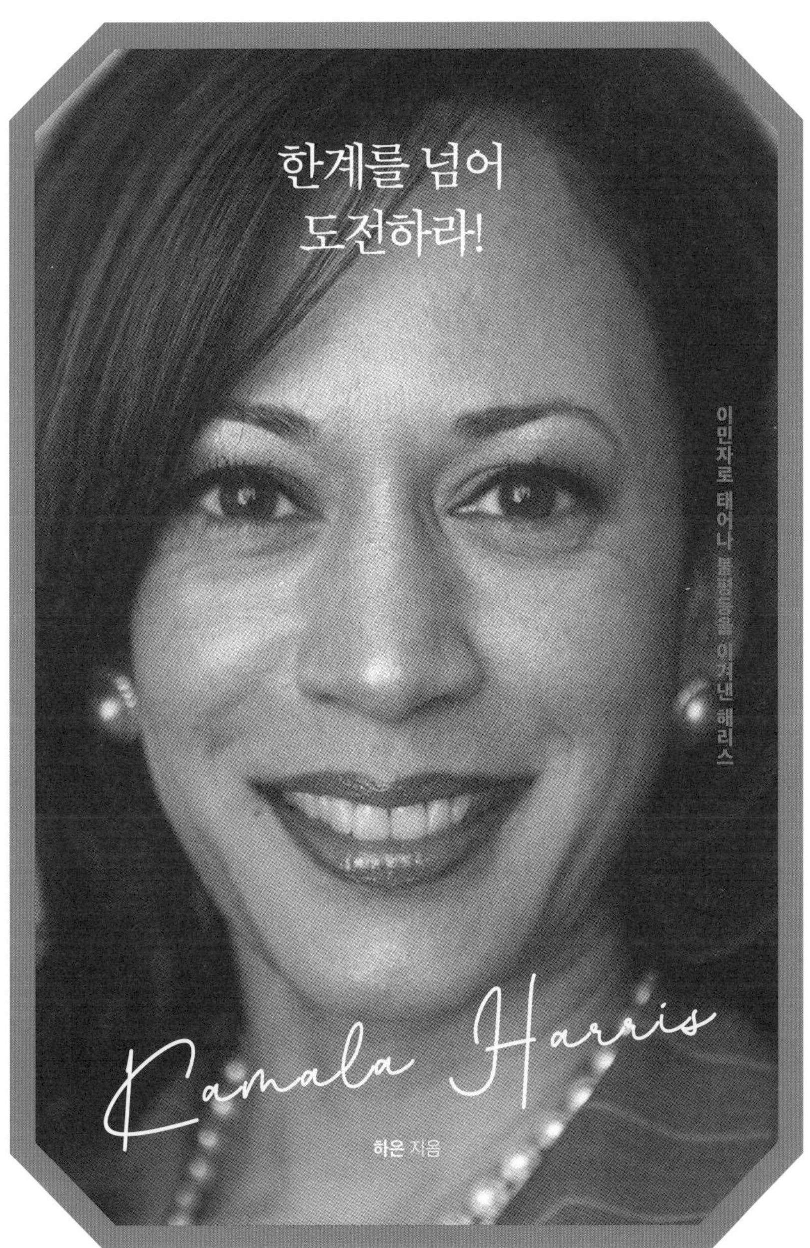

동아엠앤비

성공하고 싶은 당신이 이 책을 보아야 하는 이유

"나무를 베는 데 여섯 시간이 주어진다면 처음 네 시간은 도끼날을 가는 데 쓰겠다.

Give me six hours to chop down a tree and I will spend the first four sharpening the axe."

이 말은 미국 제16대 대통령인 '에이브러햄 링컨'이 했던 명언으로 성공을 준비하는 시간과 과정이 충분해야 목표에 도달할 수 있음을 알려준다. 성공은 하루아침에 이루어지지 않으며, 성공을 위해서는 철저한 준비가 필요하다는 뜻이다. 다르게 말하면 자신이 목표한 것을 이루기 위해 준비만 잘 되어 있다면 성공은 저절로 따라오게 된다. 그러면 우리는 자신이 목표한 것을 이루기 위해 어떤 것을 준비해야 할까?

이 책은 학교에서 공부를 마치고 막 사회에 나가게 되었을 때, 또는 사회에 나가서 자신이 원하는 성공이 눈앞에 잘 보이지 않을 때 보면 좋을 것이다. 폭풍우 속에서 등대처럼 가야 할 길을 가르쳐줄 것이다. 또한 자신에게 어떤 능력이 부족한지 새삼 일깨워 줄 것이다.

나는 2024년 미국 대선 주자로 나와 돌풍을 일으킨 카멀라 해리스를 보자마자 나심 탈레브가 말한 '블랙스완'이 떠올랐다. 그녀는 부통령으로 항상 바이든 대통령 곁을 지켜왔지만 사람들은 그녀를 눈여겨보지 않았다. 사실 해리스는 대통령을 목표로 오랫동안 준비해왔다. 사람들은 캘리포니아주 검사로 시작해서 미국 부통령이 된 그녀의 존재를 잘 몰랐기에 해리스가 대통령 후보에 올랐을 때 신선한 충격을 받았다.

성공이란 기본을 잘 지키고 성공에 필요한 기술들을 습득하여 이를 자기 내면에 장착시켜야 한다. 물론 아는 것만으로는 부족하다. 실천이 중요하다. 여러분은 자신만의 성공을 준비해야 한다. 만약 돈을 많이 벌고 싶다면 돈 버는 기술을 배워야 한다. 부동산이든 주식이든 돈을 벌 수 있는 기술은 많다. 하지만 그 전에 씨앗이 자랄 토양을 만들어야 한다. 이 책은 성공의 씨앗을 심을 여러분의 마음 토양을 기름지게 만들 것이다. 그리고 성공을 위한 비밀을 발견하게 도와줄 것이다.

차례

5장 해리스와 사람들

6장

성공의 문을 여는 열쇠

Kamala Harris

1장

오리에서 백조로

1

블랙스완, 카멀라 해리스

◆ 당신은 블랙스완을 본 적 있는가?

당신은 '블랙스완'이라는 용어를 들었거나, 아니면 책에서 본 적 있는가? 아마 실제로 본 적은 더더욱 없을 것이다. 블랙스완이라는 용어는 '안티프래질'이라는 책으로도 유명한 레바논계 미국인이자 경제학자인 나심 니콜라스 탈레브가 2007년 '블랙스완'이라는 같은 이름의 책을 써서 널리 알려졌다.

네덜란드 탐험가인 '윌리엄 드 블라밍'은 1697년 어느 날 호주의 남서부를 탐험하다가 그전까지 본 적 없었던 검은색 백조를 발견했다. 이것이 유럽에 알려지면서 모든 백조가 하얗다는 고정관념은 뒤집혀지고 말았다. 이것은 이론으로 발전하여 전혀 예상할 수 없던 일이 실제로 일어나는 경우를 의미하게 되었고, 금융 시장이나 경제 상황에

▲ 블랙스완

커다란 파급효과를 가져오는 갑작스러운 사건을 두고 '블랙스완'이라고 부르게 되었다.

우리는 예상 가능한 위험에 대응하기 위해 열심히 노력한다. 하지만 예상할 수 있는 것은 더 이상 위험이 아니다. 진짜 위험은 전혀 예상할 수 없는 사건들이다. 하지만 우리는 블랙스완이 없다고 가정하고 행동한다. 우리는 본능적으로 간단하고 예상할 수 있는 것에만 집착한다. 즉, 플라톤적 사고방식에 길들여져 있다. 플라톤은 "현실은 이데아의 모방이라는 보편적인 법칙을 중심에 두고 현상을 설명하라"라고 한다. 합리적인 플라톤에게 있어 설명할 수 없는 현상은 없다. 따라서 설명하기 힘들고 복잡한 일들에 대해서는 쳐다보지 않는다. 당신은 인생을 살면서 예측할 수 있는 것이 얼마나 있었는가? 그리고 예측 불가능한 것에 대해 어떻게 대처해 왔는가?

나심 탈레브의 책 '블랙스완'을 보면 블랙스완이 가지고 있는 특징을 세 가지로 정리하고 있다. 예측 불가능성, 커다란 충격, 그리고 사후 합리화가 그것이다.

◆ 예측 불가능성

첫 번째, 블랙스완 사건은 기존의 데이터나 경험으로는 알 수 없다. 일반적으로 예상할 수 없는 범위에서 발생한다. 세상은 아주 복잡한 사건들로 이루어져 있다. 대표적인 것이 날씨이다.

MIT의 기상학자였던 에드워드 로렌츠는 날씨를 예측하기 위해 가설을 세우고 이를 방정식으로 만들어 컴퓨터에 입력하였다. 하지만 그래프로 출력한 바람의 경로는 실제 바람의 경로와 많이 어긋나고 있었다.

원인을 분석해 보니, 그가 입력 데이터에 실제 계산되어야 할 소수점 여섯 자리를 반올림한 세 자리만 입력한 것이 문제였다. 이 작은 수치는 결과에 커다란 영향을 미쳤고, 이 사건이 있고 난 후부터 과학자들은 법칙이 존재하지만 초기 조건에 너무 민감해서 정확한 예측이 어려운 시스템을 '카오스 시스템'이라 부른다.

일기 예보라는 것이 실제와 같이 놀랍게 맞히더라도 칭찬받는 일이 거의 없다. 그래서 내가 아는 기상청 직원은 늘 열심히 일하지만, 일기 예보를 제대로 맞히지 못해서 원망의 대상이 되는 경우가 많다고 한다. 그리고 '잘해야 본전'이라며 일할 때 의욕이 없다. 이런 모습을 보면 주위에서 '날씨는 옆집 할머니가 더 잘 맞히더라'라고 할 때 참으로 안타까운 마음이 든다.

◆ 커다란 충격

둘째, 블랙스완 사건은 사람들에게 큰 충격을 가져다준다. 이러한 사건이 발생하면 경제, 정치, 사회에 걸쳐 광범위한 영향을 미치고 기존 시스템과 사고방식에 대한 변화도 함께 나타날 수 있다.

2000년 나는 대학교에 진학했는데, 권태로움에 빠져 그다음 해에 다니던 학교를 휴학하고 친척 집에서 나만의 공부를 했다. 당시 아르바이트를 하면서 자아 성찰 공부를 하고 있었는데 사춘기가 아주 늦게 오지 않았나 싶다.

하루는 아르바이트를 하고 늦은 저녁에 집에 와서 TV를 틀었는데, 화면에서 미국 뉴욕에 있는 쌍둥이 빌딩 중 한 곳에서 큰 연기가 나고 있었다.

불이 난 줄 알고 뉴스를 보는데, 갑자기 비행기 한 대가 연기가 나지 않은 멀쩡한 두 번째 빌딩으로 곧장 날아가는 것이었다. 그러고는 빌딩에 정면으로 충돌했다. 당시 내가 받은 충격은 말로 설명하기 어렵다.

그런데 그 자리에 있던 미국 사람들은 어땠을까? 그날 이후부터 미국은 바뀌기 시작했다.

미국 대통령은 테러와의 전쟁을 선포했고, 테러를 주도한 집단과 관련자들을 찾아내기 위해 미국의 모든 입국과 출국 검열이 엄격해졌다. 당시 미국에서는 기내에 조그만 칼을 가지고 탈 수 있었는데 이후부터는 항공 보안법 강화로 인해 칼은 물론이고 소량의 액체도 반입을 제한했다. 그 뒤 10만 명이 넘는 사망자를 낸 이라크 전쟁이 발발했다.

◆ **사후 합리화**

셋째, 블랙스완 사건들은 사후 합리화 과정을 거친다. 즉, 사건이 발생한 후에 많은 사람이 그 사건이 예견할 수 있었다고 생각하게 되지만, 실제로는 그 사건이 발생하기 전에는 누구도 이러한 사고가 발생할 것을 예상하지 못한다. 사실 인간은 합리적 존재라기보다는 사후 합리화하는 존재다. 이 말은 '레온 페스팅거'라는 미국 사회심리학자가 한 말인데, 그의 저서 『인지적 부조화 이론』이라는 책을 통해 사람들의 인지 부조화를 여실히 보여주었다.

그와 그의 동료들은 인지 부조화 실험을 위해 사이비 종교 집단에 신도인 척하면서 잠입했다. 당시 신도들은 '며칠 후 세계 종말이 오니 구원받기 위해서는 돈을 내야 한다'라는 교주의 말을 믿고 그들의 전 재산을 헌금으로 탕진하고 있었다.

물론 며칠이 지나도 종말은 오지 않았는데, 사람들은 교회를 떠나거나 교주를 비판하면서 그를 고소했을까? 아니다. 사람들은 '종말이 오지 않았으니 우리가 믿는 것이 잘못되었다.'라고 생각하기보다는 '우리가 많은 돈을 헌금으로 바치고 간절히 빌었기 때문에 신이 감동하여 종말이 오지 않았다.'라고 생각했다. 그들은 합리적인 의심 대신 자신들의 신념을 사후 합리화했던 것이다.

우리는 불확실성이라는 위험 요소를 없애고 안정감을 찾기 위해 나의 예측이 엇나갔음을 인정하는 대신 과거의 기억을 현재 벌어진 결과에 맞춰 재구성한다. 누구나 이런 말을 들어본 적 있을 것이다. "내 그럴 줄 알았다."라고 말이다. 그러면 "그럴 줄 알았으면 미리 말해 주지 그랬니?"라고 반문해 보자.

◆ 대표적인 블랙스완 사례

블랙스완 사건을 대표하는 사례가 2008년 미국 금융 위기이다. 금융 전문가들조차 이 위기를 예측하지 못했고, 이미 경제가 파탄 난 이후에나 경제학자들은 이러한 사태를 어떻게 예방할 수 있는지에 대해 논의하기 시작하였다. 이 사건을 예견했던 한 사람이 있었는데, 바로 1억 달러의 펀드 규모(23년 기준)를 자랑하는 사이언 캐피탈의 최고경영자 '마이클 버리'이다.

마이클 버리는 당시 자산운용 회사인 사이언 캐피탈의 펀드매니저였는데 미국 주택 시장의 문제점에 주목하여 시장이 곧 붕괴할 것으로 생각했다. 그는 신용대출 등 온갖 레버리지를 끌어서 본인이 운용하는 펀드 규모보다 훨씬 큰 액수를 부동산 시장의 하락에 배팅했다. 배팅 시점이 좀 빠르긴 했지만 2년 동안 버틴 끝에 3조 6천억 원 상당의 이익을 거두었다.[1] 자세한 내용을 알고 싶은 독자들은 영화 '빅쇼트' 보기를 추천한다. 2007~2008년 세계 금융 위기를 다룬 마이클 루이스의 2010년 논픽션 『빅 숏: 패닉 이후, 시장의 승리자들은 무엇을 보는가』를 원작으로 한다.

또 하나의 블랙스완 사건은 우리가 잘 알고 있는 2020년 코로나 팬데믹이다. 코로나19 바이러스는 단순한 질병이 아니었다. 그것은 전세계적으로 경제를 마비시키고, 사회적 거리두기, 재택근무, 온라인 교육 등 전반적인 사회 문화를 뒤바꿔 놓았다. 우리 사회는 이제 코로나 전후로 나뉘었다. 코로나 이전에는 세계가 하나로 뭉쳐서 협력을 통해 경제를 이끌어왔으며, 세계는 '죄수의 딜레마'를 해결하려고 노력해왔다.

미국의 수학자이자 경제학자인 '존 내시'가 처음 제안한 게임 이론인 '죄수의 딜레마'는 상호 간의 신뢰를 바탕으로 협력할 경우 모두가 많은 이득을 취할 수 있다는 점을 시사한다. 따라서 코로나 팬데믹 이전에는 미국이 기술을 혁신하고 중국이 제품을 생산하는 안정되고 협력적인 경제 가치 체인이 형성되어 있었다.

하지만 지금은 각자도생의 시대가 되었다. 서로를 믿을 수 없고 분열되었으며 협력하기 어렵게 되었다. 특히 전염병에 있어 가장 중요한 초기 대응 때부터 중국 정부는 잘못에 대한 부인과 정보의 불투명으로 일관했다. 그리고 코로나19를 극복하기 위한 각국의 노력은 원활히 공유되지 못했다. WHO와의 정치적 연관성, 미국을 포함한 주요 선진국에서 대규모 감염자와 사망자 발생 그리고 대공황에 가까운 경제적 피해는 이러한 분열을 가속시켰다. 결국 코로나 팬데믹 이후 국제사회는 탈세계화의 방향으로 전환되었다.

◆ 미국 정치계의 블랙스완 사건

"나는 미대통령 후보를 수락하겠습니다.(I accept your nomination who'll be president of the United States of America)"

- 해리스의 2024년 8월 민주당 대선 후보 수락 연설 중

최근 미국 정치계에서도 블랙스완 사건이 발생했다. 바로 카멀라 해리스의 등장이다. 누구도 조 바이든 대통령의 사퇴를 예측하지 못했다. 누구도 현 대통령의 재선 가능성을 뒤엎고 부통령이 대선 후보로 나올지 예상하지 못했다. 심지어 트럼프조차도 2024년 7월까지 지

지율이 계속 상승하며 본인의 대선 승리를 자신했다. 하지만 그녀는 돌풍처럼 나타났다.

또한 민주당의 지지율이 급반등했는데, 트럼프와의 지지율이 7% 이상 차이가 나기도 했다. 중도층들은 민주당을 지지하기 시작했고 시카고에서 열렸던 민주당 전당대회는 그야말로 축제 분위기로 바뀌었다. 트럼프측은 당황했고, 노골적인 '미치광이'라는 말만 반복할 뿐이었다. 이후 이 사건은 바이든 대통령의 TV 토론과 트럼프의 총격 사건으로 인해 어쩔 수 없었던 일로 합리화되었다.

◆ 조 바이든 대통령과 도널드 트럼프

조 바이든 대통령은 2024년 7월 21일 민주당 후보직에서 사퇴했다. 민주당 경선에서 승리한 지 약 1개월 만이었다. 1월부터 6월까지 있었던 민주당 경선에는 딘 필립스 하원의원과 진보 성향 작가 메리앤 윌리엄슨이 바이든 대통령과 붙었는데, 바이든 대통령이 87% 이상 득표하며 압승을 거두었다. 딘 필립스 후보는 약 4%, 윌리엄슨 후보는 약 3% 득표에 그쳤다.[2] 3월 12일 있었던 주요 프라이머리에서 바이든이 모두 승리하면서 사실상 민주당 대통령 후보 지명을 확정지었으며, 8월에 있을 전당대회를 준비하는 중이었다.

그러던 중 6월 27일 미국 조지아주 애틀랜타 CNN 스튜디오에서 민주당 바이든 대통령과 공화당 트럼프 전 대통령의 첫 TV 토론이 열렸다. 이 TV 토론은 미국 대선의 향방을 가르는 데 매우 중요한 이벤트였다. 당시까지 두 후보의 지지율이 오차범위 내에 있었기 때문이다. 토론을 위해 CNN 스튜디오에 입장한 두 사람은 각각 민주당과 공화당의 당색인 푸른색과 붉은색 넥타이 차림으로 들어왔는데 서로 악수도 하지 않았다.

토론의 첫번째 질문은 바이든 대통령이 내세우려던 경제 이슈였는데, 바이든 대통령이 입을 열자마자 취재진이 웅성거리기 시작했다. 바이든 대통령의 목소리가 완전히 잠겨서 거의 들리지 않았기 때문이었다.

"음…… 우리는 모든 고독한 사람들이 제가 코로나와 함께…… 함께할 수 있는 자격을 가질 수 있도록 만들 수 있습니다. 실례합니다, 우리가 더 노력해야 할 모든 것을 다루면서…… 더…… 만약…… 우린 결국 의료보험을 이겼습니다.(uh.. making sure that we're able to make every single solitary person eligible for what I've been able to do with the uh with, with, with the Covid. Excuse me, with um dealing with everything we have to do with.. Look, if.. we finally beat Medicare)"[3]

잠긴 목소리를 들은 트럼프의 입에서는 미소가 번졌다. 그리고 주제를 인플레이션과 중국에 대한 대응 전략 등으로 돌려 바이든 대통령을 몰아갔다. 이때 바이든 대통령은 당황스러운 표정을 지으며 단상 위 메모지에 뭔가를 열심히 적었는데, 이 모습은 절묘하게 미국 대통령 바이든이 트럼프의 호통을 들으며 고개를 숙인 채 반성하는 구도를 만들었다.

승기를 잡은 트럼프는 메모하기는커녕 꼿꼿하게 정면을 응시하다가 바이든의 어눌한 말투가 나올 때마다 고개를 가로저으며 한심하다는 듯한 표정을 지었다. 토론이 끝나고 2024년 미국 대선 첫 TV 토론의 승리자를 묻는 말에 응답자의 67%가 트럼프의 승리라고 답변했다.

▲ 선거 연설하는 트럼프

이후 트럼프가 승기를 잡게 만든 또 다른 사건이 일어났는데, 다름 아닌 총격 사건이다. 2024년 7월 13일 미국 펜실베이니아주 버틀러 농장에서 트럼프는 대중 앞에서 유세 연설을 하고 있었는데, 갑자기 총격 음이 수차례나 발생했다. 트럼프는 귀를 감싸며 마이크 스탠드 아래로 숨었고, 경호원들이 트럼프 주위를 에워쌌다. 그 자리에 있던 시민들이 공포에 휩싸인 상황에서, 갑자기 트럼프는 경호원들 사이로 멀쩡하다는 듯 주먹을 불끈 치켜들었다. 트럼프에게 이 사건은 자신은 여전히 건재하며 아직 강하다는 것을 과시할 수 있는 절호의 찬스였던 것이다. 이후 트럼프 지지자들은 트럼프의 이미지를 순교자로 격상시키려 했으며, 실제 여론 조사에서 트럼프의 승리 가능성이 70퍼센트까지 올라갔다. 이대로라면 공화당의 승리가 확실했다.

◆ 민주당의 돌풍 같은 뒤집기 작전

트럼프의 승리가 확실해지고 있을 때 민주당 내부에서는 비밀리에 바이든 대통령의 사퇴를 준비하고 있었을 것으로 본다. 왜냐하면 바이든의 사퇴 이후 약 두 시간 만에 해리스 부통령이 대선 출마를 선언했기 때문이다. 바이든 대통령을 대선 후보에서 사퇴시키고 해리스를 후보로 내세우려고 기다리고 있던 민주당은 바이든의 TV 토론과 트럼프 총격 사건이 일어나자 작전에 돌입하기 시작했다.

민주당 내부에서는 1차 TV 토론에서 실패 후 이미 바이든 대통령의 대선 후보 사퇴 여론이 팽배했다. 하킴 제프리스 민주당 하원 원내대표 등 민주당 간부급 하원의원 다섯 명을 비롯하여 민주당 하원의원 약 삼십여 명이 바이든의 사퇴를 촉구하는 연판장이 돌아다녔고, 바이든 재선을 위해 모금 행사를 주최했던 배우 조지 클루니까지 바이든은 대선에 나가면 안 된다고 주장했다. 하원 의장인 낸시 펠로시마저도 "시간이 별로 없기 때문에, 우리 모두는 결정을 내리도록 그를 독려하고 있다"라고 했다.

하지만 바이든은 코로나19에 감염되어 요양 중인 상황에서도 사퇴 발표 이틀 전인 19일에 "다음 주에는 선거 유세에 복귀하겠다."라는 성명을 발표했나. 성명 발표 낭일 오후에 선거 캠프 핵심 참모 누 명이 델라웨어에 있는 바이든 사저에 찾아갔다고 한다. 그들은 여론조사 자료를 보여주며 미국 내 경합주뿐 아니라 경합주 주변에 있는 주들까지도 밀리기 시작했다며 바이든에게 사퇴를 압박했다. 또한 그들은 이런 상황에서 백악관뿐 아니라 상원과 하원 선거에서도 밀리는 '레드 웨이브'가 올 수 있다고 대놓고 얘기했다. 바이든은 예전부터 주

▲ 바이든과 해리스

치의가 와서 건강상 문제가 있다고 하거나, 선거 참모들이 와서 이길 수 없다고 하면 물러나겠노라고 했기 때문에 바이든은 이때 사퇴를 결심한 것으로 보인다. 바이든의 사퇴 성명서에 해리스 부통령에 대한 지지는 없었으나, 이후 SNS를 통해 해리스를 지지한다고 선언했다.

트럼프는 "바이든보다 해리스가 이기기 더 쉽다"라며 SNS에서 승리를 자신했다. 힐러리는 2016년 대선에서 트럼프를 도널드 덕에 비유했는데, '도널드' 트럼프는 사실 백조였던 해리스를 자기와 같은 오리라고 생각했던 것이었다.

◆ 미국 대선과 해리스

미국은 세계를 지배하는 나라다. 미국 대통령의 한마디, 연방 준비제도 이사회 의장의 말 한마디에 세계의 경제가 좋아졌다 나빠졌다 한다. 금리를 내릴 것이라는 '제롬 파월' 연방 준비제도 이사회 의장 말 한마디에 세계 증시가 출렁인다. 올해 8월 5일에 있었던 우리 증권 시장에서의 블랙 먼데이는 일본의 금리 인상이 원인이었다. 일본에서 0.25% 금리를 올리겠다고 발표하면서 일본 엔화를 통해 저렴한 이자로 대출받았던 투자금이 증권 시장에서 빠지면서 우리나라 코스피는 8.77% 하락하고 시가총액 235조 원이 날아가는 상황이 발생했다. 우리나라 1년 예산이 약 650조 원 정도이니 우리나라 예산의 약 3분의 1 정도가 하루 만에 증권 시장에서 증발한 것이다. 그러니 미국에서 발표하는 기준 금리에 대해서는 더 말할 것도 없다.

해리스와 트럼프의 연방 준비제도의 독립성에 대한 의견은 상반된다. 트럼프는 8월 8일 기자회견에서 "대통령이 최소한 연방 준비제도에서 발언권을 가져야 한다. 나는 연방 준비제도 이사회나 의장보다 더 나은 직감을 가지고 있다고 생각한다."고 했다. 반면에 해리스는 "연방 준비제도는 독립된 기관이며 대통령이 된다면 연준이 내리는 결정에 간섭하지 않겠다."라고 하였다.

연방 준비제도 이사회 의장도 미국 대통령이 임명하기 때문에 인사에 대통령의 의중이 반영될 수밖에 없지만, 직접적으로 간섭하는 것은 또 다른 문제다. 또한 연방 준비제도 법 규정에 따르면 미국 대통령은 연방 준비제도 이사에 대해 특별한 사유가 있는 경우 해임할 수 있다. 그러기에 미국 대통령은 그만큼 중요한 자리이다.

해리스가 대통령 후보로 나온다는 소식이 뉴스에 나오고 24시간 만에 8,100만 달러, 우리 돈으로 약 1,000억 원을 모금했다. 7월에 모금

한 금액을 다 합치면 2천 700억 원으로 트럼프 모금액의 4배에 달한다. 그뿐만 아니라 8월 5일에 있었던 민주당 대의원 화상 투표에서도 99%의 지지로 민주당 대선 후보로 지명이 확정되었다.

과연 해리스가 이주민의 딸로 태어나 미국 정치계에서 온갖 불평등을 딛고 미국 대통령 후보에 오르게 된 원인은 무엇일까?

지금부터 카멀라 해리스의 행적을 따라가면서 그녀만의 성공법칙을 알아보자.

2

카멀라는 오리 새끼였을까?

◆ 자메이카인 아빠와 인도인 엄마

카멀라 해리스는 1964년 가을바람이 부는 10월 20일 밤 캘리포니아 오클랜드에서 태어났다. 오클랜드는 슬럼가를 포함한 치안이 나쁜 도시로 유명한데, 얼마 전 내가 출장으로 갔을 때도 소문에 걸맞게 길거리에서 위험한 일들이 벌어지곤 했다. 또한 아침에 일찍 일어나 호텔 장문을 열면 건너편 길에 누워 있던 흑인 노숙자들이 반갑게 인사를 했던 것이 아직도 기억난다. 해리스가 태어난 당시에는 아마 더 심했을 것이다. 1960년대 오클랜드에서는 흑인들의 민권운동이 활발했는데, 주 방위군이 버클리 캘리포니아 대학교 캠퍼스에 투입되어 최루탄을 쏘던 시절이었다.

흑인들은 정당방위를 위한 '블랙 팬서'당을 설립하고, 길거리에서 오클랜드 경찰에 대항해 총을 들고 다녔다. 이에 캘리포니아 주지사였던 로널드 레이건은 총기 소지 금지 법안을 발의해 통과시켰으나, 1967년 오클랜드 시내에서 총격전이 벌어져 경관이 총에 맞아 사망하고, 블랙팬서당을 설립했던 흑인 지도자 휴이 뉴턴도 복부에 총을 맞아 부상당했다. 이후 그는 경관 살해 혐의로 기소되었다.

하지만 해리스는 이런 소용돌이 같은 환경에서도 씩씩하게 자랐고, 두 살 아래의 동생 '마야'도 태어난다. 해리스의 부모님이 시민권 운동을 위해 시위 현장에 나갔을 때도 유모차에 타고 있던 해리스는 "자유!"라고 해맑게 외쳤다고 한다.

해리스의 아버지 도널드 해리스는 1938년 자메이카에서 태어났다. 똑똑했던 그는 버클리 캘리포니아 대학에 입학하면서 미국으로 이주했다. 그는 대학에서 경제학을 전공하고 스탠퍼드 대학에서 교수를 지냈다. 자메이카에서 온 학생이 흑인으로서는 최초로 스탠퍼드 대학 경제학과의 종신교수가 된 것이다. 또한 해리스의 어머니인 샤말라 고팔란은 인도 남쪽에서 1남 3녀 중 장녀로 태어났는데 어렸을 때부터 과학을 좋아했다고 한다. 이에 부모는 딸에게 격려와 지원을 아끼지 않았고, 샤말라를 인도 최고의 델리 대학을 보냈다. 게다가 샤말라는 거기에 그치지 않고 미국 유학을 원했고, 비행기를 타는 것도 생소하던 그때 그녀의 부모는 허락해 주었다.

◆ 부모님의 이혼과 상처

해리스의 어머니 샤말라는 학업을 마치고 인도로 돌아갈 계획이었지만, 도널드 해리스를 만나 사랑에 빠지고 말았다. 만약 샤말라가

인도로 돌아갔다면 지금의 해리스는 아마 없었을 것이다. 이후 샤말라는 도널드 해리스와 결혼하고 스물다섯 살의 나이로 내분비학 박사 학위를 받았는데, 같은 해에 카멀라 해리스를 낳았다.

해리스는 1963년 11월 J. F. 케네디 대통령이 암살되고 약 1년 만인 1964년 10월에 태어났다. 하지만 그녀의 부모는 성격 차이로 인해 해리스가 여덟 살 되던 해에 이혼하게 된다. 그녀의 아버지인 도널드 해리스는 양육권 분쟁에서 졌고, 캘리포니아주에서 아버지는 아이들을 제대로 양육할 수 없다고 판단한 것에 대해 분노했다.

도널드 해리스는 자신의 에세이에 카멀라와 마야와의 가까웠던 관계가 양육권 분쟁 이후에 갑자기 단절되어 아쉬웠다고 썼다. 그는 이혼 후에도 여름방학에 딸들을 자메이카로 데려가 딸들의 뿌리가 어디인지 알려주려고 노력했다. 하지만 주말마다 팔로알토에 있는 아버지 집을 방문했을 때 이웃의 백인 아이들은 해리스와 마야를 흑인이라는 이유로 미운 오리 새끼처럼 따돌렸다.

해리스는 그녀의 자서전과 2024년 8월 시카고에서 열렸던 민주당 대선 후보 수락 연설에서 그녀의 아버지를 언급했다. '내가 어렸을 때 아버지는 자유롭게 뛰어놀길 원했다. 아버지는 어머니에게 "샤말라, 그냥 뛰게 내버려 둬."라며, "뛰어, 카멀라. 최대한 빨리 뛰라고!" 했다' 라며 어린 시절 기억을 떠올렸다.

하지만 해리스에게 가장 큰 영향을 준 사람은 어머니였다. 그녀가 캘리포니아주 법무부 장관으로 있을 당시 법무부 웹사이트에 소개된 그녀의 소개 글에는 "타밀 출신으로, 인도 첸나이에서 미국으로 건너와 버클리 캘리포니아 대학원에 진학한 유방암 전문가 샤말라 고팔란의 딸"이라며, 아버지에 대한 언급은 없었다.

◆ 쉘턴 부인으로부터 얻은 자신감

해리스의 어머니는 인도계 미국인이었지만 가족 하나 없는 미국에서의 힘든 유학 생활을 이겨내기 위해 서로 힘이 되고 위로가 되어줄 사람들이 필요했다. 그것은 바로 흑인 공동체였다. 샤말라가 남편인 도널드 해리스를 만난 것도 흑인민권운동에 참여할 때였다. 그녀는 남편과 이혼 후에도 해리스와 동생 마야를 흑인 여성으로 키우기로 결심했다.

샤말라는 흑인 공동체에서 또 다른 인연을 만났는데 바로 쉘턴 부부였다. 이들은 해리스가 사는 집 근처로 이사 왔는데, 해리스에게 있어 쉘턴 부인은 그녀와 동생 마야에게 두 번째 어머니였다.

갓 초등학교를 들어간 해리스는 어느 날 레몬 타르트를 만들어서 쉘턴 부인의 집에 들고 갔다. 그녀는 해리스가 만든 레몬 타르트를 맛보고 나서 타르트가 소금덩이라는 것을 알았다. 해리스가 실수로 설탕 대신 소금을 넣은 것이었다.

해리스는 "아줌마 어때요? 맛있죠?"라며 당당하게 물었고, 그녀는 "음, 얘야 맛있구나. 소금을 조금 많이 넣은 것 같지만 그래도 정말 맛있어!"라며 칭찬해주었다. 이후부터 해리스는 자신이 무슨 일이든 할 수 있다고 믿게 되었다고 한다. 쉘턴 부인은 해리스의 대학교 졸업식까지 직접 와서 축하해주었는데, 해리스가 무엇이든 될 수 있다는 확신을 심어준 든든한 멘토였다.

보통은 이런 사소한 경험들이 쌓여서 하나의 인격을 형성하게 된다. 우리는 때로 별것 아닌 일에 감동을 느끼고 미래의 꿈을 이루는 동기 부여가 된다. 특히 감수성이 예민한 어릴 적에는 더욱 그렇다. 누군가에게 아주 사소한 무언가를 받고 너무나 기뻐서 세상을 다 가진 듯한 경험 말이다.

나도 어렸을 적 수학을 너무 싫어해서 수학 시험 점수가 40점이었던 적이 있었다. 그런데 어느 날 운 좋게 어려운 문제를 풀었고 선생님으로부터 "넌 수학을 참 잘하는 아이구나."라는 말을 듣고 나서는 한 번도 반에서 수학 1등을 놓쳐본 적이 없었다.

◆ 오리처럼 꽥, 꽥, 꽥

해리스는 열두 살에 어머니를 따라 캐나다 몬트리올로 이사했다. 샤말라는 유방암을 연구하고 있었는데, 몬트리올에 있는 맥길 대학에 속한 유대인 종합병원에서 연구하고 학생들을 가르치는 교수직 제안이 온 것이었다. 그녀는 그 제안을 뿌리칠 수 없었고 해리스는 어쩔 수 없이 프랑스어를 쓰는 외국 도시의 중학교에 다녀야 했다. 해리스는 그때 상황을 다음과 같이 묘사했다.

"학기 중간에 2월의 햇빛이 충만한 캘리포니아를 떠나 눈이 3m나 쌓이는 먼 도시로 간다는 것이 나를 우울하게 했다. 어머니는 우리를 데리고 나가 처음으로 오리털 재킷과 벙어리 장갑을 사주면서 마치 북부의 엄청난 겨울을 탐험이라도 시킬 것처럼, 아니면 모험을 떠나는 것처럼 생각하게 하려 했다. 하지만 나는 그렇게 생각하기 힘들었다. 상황은 더 안 좋아졌는데, 프랑스어를 배우면 좋겠다며 이웃에 있는 '눈의 숙녀'라는 이름을 가진 프랑스어 학교에 등록했다고 말했을 때였다.”

그것은 해리스에게 엄청난 도전이었으며 시련이었다. 그녀가 아는 프랑스어는 기껏해야 발레 수업에서 보비 선생님이 외치던 몇몇 프랑스 단어가 고작이었다. 그래서 해리스는 전학을 가면 온종일 오리처럼 “Quoi, Quoi, Quoi?” 하며 고함만 지를 것이라 장담했다. 프랑스어로 ‘뭐라고?’ 하는 단어 발음이 마치 오리가 ‘꽥’ 하는 소리와 비슷했기 때문이다. 하지만 그녀는 캐나다 몬트리올에서 학업을 훌륭히 마치고 다시 미국 하워드 대학교에 입학하게 되었다.

◆ 법조인의 길

흑인 대학으로 유명한 하워드 대학교는 미국 역사에서 특별한 위치를 차지하고 있다. 이 학교는 남북전쟁이 끝나고 2년 뒤인 1867년 흑인에게 고등 교육을 제공하기 위해 미국 의회가 설립한 학교이다. 학교 이름도 남북전쟁 당시 육군 소장으로 전쟁을 승리로 이끌었던 올리버 O. 하워드의 이름을 따서 지었다.

해리스는 다른 학교를 들어갈 수도 있었지만, 굳이 워싱턴 D.C에 있는 이 역사적인 흑인 대학을 선택했다. 이 학교가 백악관에서 4킬로미터도 안 되는 거리에 있어 백악관을 언제든 가고 싶다는 열망에서였을까?

해리스는 자서전에서 하워드 대학교를 선택한 이유를 서굿 마셜이 졸업한 학교여서라고 고백했다. 미국 역사상 최초 흑인 연방 대법관인 서굿 마셜은 1967년부터 1991년까지 대법관을 지냈는데 미국 흑인들에게는 존경의 대상이었다. 해리스는 이 학교에서 경제학과 정치

▲ 미국 역사상 최초 흑인 연방 대법관인 서굿 마셜

학을 전공했는데, 아마도 본인이 법조인의 길을 가게 될 것을 미리 예견했는지도 모르겠다.

"천국이다!"

해리스가 하워드 대학교에 입학하고 신입생 오리엔테이션에 참석하기 위해 크램톤 강당에 들어섰을 때 이렇게 소리쳤다. 왜냐하면 강당엔 수백 명의 흑인 학생들이 가득 차 있었기 때문이다. 같은 인종이라는 끈끈함이 감탄하게 만든 것이다.

우리가 해외에서 한국인들을 만났을 때 느끼는 기쁨이 바로 이런 것이다. 이런 기쁨은 어디서 나올까? 바로 뿌리에서 나온다. 그래서 우리는 항상 자신의 근본을 제대로 알 필요가 있다. 해리스는 하워드 대학교에서 '블랙 아메리칸'이라는 자신의 정체성을 마음속 깊이 느꼈던 것이다.

◆ 끊임없이 성장하라

해리스는 어떤 유전자를 가지고 태어났을까?

지금까지 본 바로 그녀는 오리 새끼가 아님이 분명하다. 그녀는 자메이카 출신 흑인인 아버지와 인도인 어머니 사이에 태어났지만, 똑똑한 유전자를 물려받았다. 앞서 언급했듯이 아버지는 스탠퍼드 대학에서 최초의 미국 흑인 경제학과 종신교수였고, 어머니는 유방암 관련 의학 분야 연구원이었다. 특히 어머니 쪽은 인도에서 최상위 계급인 브라만 계급으로서 외할아버지는 인도 정부의 고위 관료, 외삼촌은 위스콘신 대학교 경제학·컴퓨터 공학 박사학위자, 큰이모는 산부인과 전문의, 작은이모는 과학자, 이종사촌들은 변호사, 메릴랜드 대학 비교문학 부교수이다.

해리스는 경제적으로는 그리 풍족하지 않았지만, 매우 똑똑한 머리를 타고났다. 그렇다고 자기 머리만 믿고 자만하지 않았다. 그녀는 자신이 가진 재능을 끊임없이 발전시켜 나갔다. 캐나다 몬트리올로 이사했을 때도 언어의 장벽을 넘어서기 위해 프랑스어를 공부했고, 다시 미국으로 돌아와 하워드 대학교에서 경제학과 정치학, 두 개의 전공을 동시에 공부했다. 그리고 캘리포니아로 돌아와서는 로스쿨에 들어가서 법을 공부했다.

해리스가 대학을 다닐 때 아무도 그녀를 모르는 사람이 없었다. 경제학회 회장을 맡아 토론을 벌이고, 1908년 하워드의 여성 학생 아홉 명이 만든 알파카파알파(AKA)에 가입하여 흑인 여성들을 위한 운동에 앞장섰다. 하워드 대학을 졸업한 후에는 캘리포니아 오클랜드에 있는 UC 헤이스팅스 대학 로스쿨에 입학했는데, 여기서도 그녀는 흑인 학생회 회장으로 선출되어 일자리 박람회 등 여러 가지 행사를 열어 흑인 학생들에게 일자리를 구해주려고 노력했다. 해리스는 학교를 다니면서 본인이 하면 된다는 신념을 갖게 되었다. 그리고 자신은 오리가 아닌 백조임을 깨달았다.

또한 해리스는 로스쿨을 다니면서 지방 검찰청에서 일하는 것을 본인의 소명으로 정했다. 해리스는 '검사는 범죄자가 한 명의 희생자에게 범한 죄가 사회의 모든 사람을 대상으로 한 것이라고 인식하고 처벌해야 한다'라고 보았다. 즉, 범죄를 집단적인 관점에서 심판해야 한다고 생각했다. 피해자만을 대변하는 것이 아니라, 국민을 대변하고 사회 전반을 대변해야 한다는 것이다. 그리고 이런 그녀의 소명 의식이 지금의 해리스를 만들었다.

나는 우리나라 젊은이들에게 가능성을 스스로 제한하지 말라고 말하고 싶다. 그래야 인생에서 성공할 가능성을 찾을 수 있다. 우리도 해리스처럼 끊임없이 성장해야 성공할 수 있다. 우리는 이제 안데르센의 동화에 나오는 미운 오리 새끼처럼 스스로가 백조임을 깨달아야 할 때이다. 그녀가 그랬던 것처럼 말이다.

해리스의 성공 법칙 1 : 우리가 가진 무한한 가능성을 깨닫고 끊임없이 성장하라!

2장

금수저보다 중요한 끈기

1

돈을 쓰는 능력

◆ 금수저는 망하지 않을까?

김승호 회장은 '돈의 속성'에서 사람이 부자가 되려면, 돈을 잘 버는 능력, 돈을 잘 모으는 능력, 돈을 잘 지키는 능력, 돈을 잘 쓰는 능력, 네 가지 능력이 있어야 한다고 한다. 밥상의 네 다리처럼 어느 하나가 길거나 짧으면 밥상이 엎어진다는 것이다.

그런데 내 생각에 그중 제일은 돈을 잘 쓰는 능력이다. 지금까지 살아오면서 주변을 살펴보면 누구에게나 돈을 벌 기회는 온다. 그리고 돈을 어떻게 쓰느냐에 따라 돈이 모일 수도 있고 없어질 수도 있다. 또한 돈을 지키는 것은 돈을 쓰지 않고 가만히 있으면 그만이다. 따라서 돈을 쓰는 능력이 제일 중요한 것이다.

운이 좋아 로또에 당첨되어도 돈을 쓸 줄 모르면 부자가 될 수 없다. 아니 오히려 당첨되지 않은 사람들보다 더 빨리 빈털터리가 될 수 있다. 영국 노퍽주에 사는 마이클 캐롤은 20대 초반에 로또로 165억 원에 해당하는 금액이 당첨되었다. 심지어 얼굴까지 잘생겨서 방송에도 출연해 화제를 모았다. 하지만 그는 호화저택, 수퍼카를 사고 여자와 술에 빠져 매일 파티를 벌였다. 결국 6년 만에 165억 원을 모두 탕진하고 환경미화원으로 일하고 있다.

우리나라도 예외는 아니다. 로또 1등에 당첨되어 세금을 빼고 190억 원에 달하는 금액을 받은 40대 김 모씨는 서울에 아파트를 2채씩 사고, 주식에 수십억씩 투자했다. 가족과 친지들에게도 20억 원을 무상으로 증여했는데, 5년 만에 빈털터리가 되었다. 그러고는 주식 투자 사기를 벌여 감옥에 들어가게 되었다. 돈이 수백억이 있어도 잘 쓰지 못하면 금방 빈털터리가 된다. 그러면 금수저들은 어떨까?

◆ 위대한 개츠비 곡선

'위대한 개츠비 곡선'을 들어보지 못한 독자는 있어도 『위대한 개츠비』를 안 들어본 독자는 없을 것이다. 미국 소설가 피츠제럴드가 1925년에 쓴 장편소설이다. 이 소설은 금주법이 시행되고 재즈가 유행하던 당시 미국 뉴욕을 배경으로 물질적으로는 풍요롭지만, 도덕적으로는 타락한 미국 사회의 단면을 적나라하게 공개한다. 개츠비라는 인물의 타락과 절망을 통해 흔히 말하는 '아메리칸드림'의 어두운 이면을 잘 보여주는 소설이다.

서두에 언급한 '위대한 개츠비 곡선'은 미국 정치인이자 경제학자인 앨런 크루거가 고안한 2차원 그래프이다. 이 그래프는 세대 간의

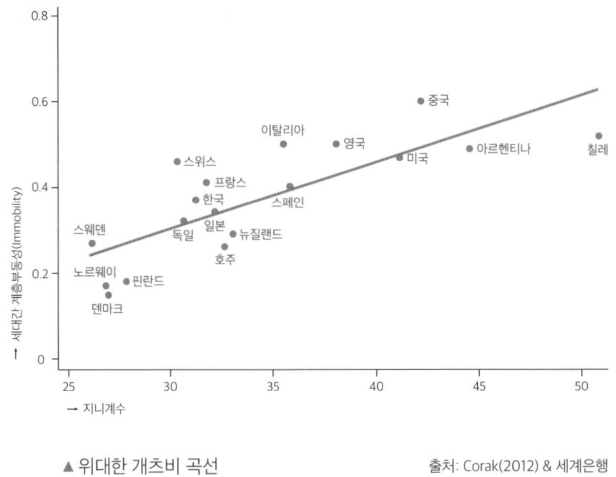

▲ 위대한 개츠비 곡선 출처: Corak(2012) & 세계은행

이동성을 잘 나타내는데, 무일푼의 상태에서 출발해 백만장자로 신분 상승을 이룬 피츠제럴드의 소설 속 주인공 '개츠비'를 이 그래프 이름에 붙였다. 왜 그랬을까? 이 그래프는 특정 사회의 자수성가할 가능성을 한눈에 보여주기 때문이다.

이 그래프의 2차원 평면은 한 시점에서의 불평등도를 나타내는 '지니계수'를 수평축으로 하고, 아버지의 소득과 아들의 소득 사이에 얼마나 밀접한 관계가 있는지를 나타내는 '세대간 부동성'을 수직축으로 한다. 그리고 2012년 경제학자 '마일스 코락'은 실증연구를 통해 전 세계 국가들의 수치를 이 평면에 점으로 찍어보았는데 우상향하는 특징을 갖는다는 것을 알아냈다.

이 결과는 분배가 불평등할수록 세대간 이동성이 작아지는, 즉 자수성가할 가능성이 낮아지는 경향이 있다는 불편한 진실을 보여준다. 현재 아버지 세대의 분배 상태가 불평등하면 그다음 세대의 분배 상태도 불평등할 수밖에 없다는 것이다. 물론 부가 성공을 대표할 수는 없으며, 큰 재산을 상속받아도 탕진하는 자녀들이 있기는 하지만, 부는 대물림되며 2세들의 성공 확률을 높여주는 것이 사실이다. 따라서 이미 분배가 불평등한 상황에서 금수저가 남들보다 더 앞에서 출발하는 것은 부인할 수 없다.

◆ 금수저 트럼프

이번 대선에서 해리스와 박빙의 승부를 겨루었던 트럼프를 먼저 살펴보자.

그는 해리스와는 다르게 경제적으로 매우 풍족한 집안에서 자랐다. 도널드 트럼프는 1946년 뉴욕에서 부동산 재벌 프레드 트럼프의 다섯 명 자녀 중 넷째로 태어났는데, 누나 두 명과 형이 한 명, 그리고 남동생이 있었다.

그의 아버지 프레드 트럼프는 열세 살에 독일 출신의 이민자였던 부친(즉, 트럼프의 할아버지인 프레드릭 트럼프)을 스페인 독감으로 여의고 집안의 장남이자 소년 가장으로 구두닦이, 과일 배달, 페인트공, 골프 캐디 등 온갖 험한 일을 하면서 자수성가했다.

프레드는 손재주가 뛰어나서 열여섯 살에 이웃집 차고를 지어 주고 돈을 받았다고 한다. 그리고 열여덟 살에는 목공소를 차려 일과 학업을 병행했다. 그는 어머니 엘리자베스 트럼프와 함께 아버지가 하던 작은 부동산 사업을 이어받았는데, 이를 통해 열아홉 살에 '엘리자베스 트럼프와 아들'(Elizabeth Trump & Son)이라는 회사를 설립했다. 프레드는 2차 세계 대전 동안 군인들을 대상으로 하는 복지주택건설 사업으로 큰 재산을 모았다. 또한 2천 세대 이상이 거주할 수 있는 정부 고위층을 위한 아파트를 지어 정부 지원금도 두둑이 챙기게 된다. 전쟁이 끝난 1960년대에는 가난한 노동자 계층을 위해 대형 아파트도 지었는데 튼튼해서 많은 인기를 끌었다고 한다.

프레드는 1999년 기준으로 대략 2억 달러에서 3억 달러 정도의 재산을 가진 부동산 재벌이 되었다. 그리고 도널드 트럼프는 형이었던 프레디 트럼프를 제치고 펜실베이니아 와튼스쿨 경제학과로 편입해 재벌이 된 아버지의 가업을 이어받는 길을 선택했다. 도널드는 가업을 이어받기 위해 그렇게 원했던 할리우드 영화계 진출 계획도 접었다고 한다.

도널드는 어릴 때 자주 아버지를 따라다녔는데, 건설 현장에서 도급업자들과 어떻게 가격을 흥정하는지, 인부들을 어떻게 부리는지 지켜보았다. 거칠고 속임수가 난무하는 건설 현장에서 아버지가 대응하는 모습들을 지켜보면서 많은 것을 배웠다. 그리고 아버지에게 배운 노하우와 경험을 바탕으로 지금처럼 치밀한 협상 능력과 탁월한 부동산 투자 능력을 몸에 익혔다. 결국 도널드 트럼프는 태어났을 때부터 반은 성공한 셈이었다.

◆ 성공할 수 있는 가치

반면에 해리스는 트럼프처럼 부유한 가정에서 태어나지 못했다. 그녀는 자서전에 '우리는 재정적으로 넉넉한 편은 아니었지만, 내면에 간직한 가치들 때문에 다른 종류의 부를 누릴 수 있었다.'라고 했다. 그녀는 캘리포니아주 버클리에 있는 서민들이 거주하는 조그만 다세대 주택 2층에 살았는데 그것도 어머니가 번 돈으로 겨우 얻은 집이었다.

어린 시절 그녀에게 가장 기본적인 가치는 열심히 일하면서 세상에 옳은 일을 하면 더 나은 삶을 살게 될 것이라는 '아메리칸드림'이었다. 그녀는 금수저로 태어나지는 못했지만, 그보다 귀중한 근면과 끈기라는 수저를 가지고 태어났다. 그리고 그녀의 어머니는 딸에게 그런 가치들이 인생을 사는 데 있어 가장 중요한 것이고, 얼마나 소중한지 마음속에 새기도록 가르쳤다.

요즘 뉴스에는 '금수저', '수저계급론'이라는 용어와 함께 젊은 세대들의 삶을 포기하는 모습들이 자주 나온다. 그리고 우리 같은 서민들에게 월급을 몇십 년 모아봤자 부모에게 물려받은 집 한 채보다 못하다는 현실에 대한 좌절감을 안겨준다. 물론 '위대한 개츠비 곡선'에서 보았듯 분배의 불평등으로 부가 대물림되는 것은 사실이다. 하지만 부모로부터 물려받은 부를 활용해 다시 성공에 이르는 것은 별개의 문제이다. 또한 부를 물려받았다 하더라도 그것을 이용하는 재능 없이 인생에서 성공하는 것은 불가능하다.

트럼프의 형인 프레디 트럼프만 봐도 알 수 있다. 처음에 트럼프의 아버지는 도널드가 아닌 프레디에게 사업을 물려주려고 했지만 프레디의 사업 수완이 뛰어나지 못하다는 사실을 깨닫고 도널드에게 사업을 물려주게 되었다. 프레디는 비행기 조종사를 하다가 성공해야 한다는 부담감으로 알코올 중독자가 되고 만다. 그리고 생애 마지막에는 트럼프 타워의 관리인을 하다가 알코올 중독으로 마흔세 살 나이에 도널드보다 먼저 세상을 뜨게 된다.

우리는 ‘태어날 때 주어진 것’들이 ‘살아가면서 가져야 할 기본적인 가치’보다 더 중요하다고 생각한다. 하지만 성공하려면 반대로 생각해야 한다. 왜냐하면 태어날 때 주어진 것은 내가 결정할 수 없지만 살아가면서 성공할 수 있는 가치는 내가 선택할 수 있기 때문이다. 우리가 선택할 수 있는 것을 외면하고 주어진 것에 대해서만 불평하는 것은 세상에서 제일 어리석은 짓이다. 그러니 기본적인 끈기와 노력을 가장 중요한 가치로 생각하자. 해리스처럼 우리가 성공할 수 있는 가치에 집중하고 그것들을 키우자.

2

캘리포니아 지방 검사 해리스

◆ 근면과 끈기의 미덕

“어떤 일이든 허술하게 하지 마라.”

해리스의 어머니는 두 딸에게 늘 명심시켰다. 그런데 해리스는 중요한 변호사 시험에 떨어지고 만다. 1989년 봄 UC 헤이스팅스 로스쿨을 졸업하고 7월에 변호사 시험을 치렀는데 떨어지고 만 것이다. 해리스는 좌절했다. 물론 어렵기로 악명 높은 캘리포니아주 변호사 시험이었지만 본인이 떨어질 줄은 몰랐던 것이다.

당시 그녀는 캘리포니아주 앨러미다 카운티 지방검찰청에서 법률 사무원으로 일하고 있었는데, 법정 경험을 쌓을 수 있는 자리였기 때문에 인기가 많았다. 더구나 추첨으로 뽑았기 때문에 법률 사무원이 되려면 운이 좋아야 했다. 마침 해리스는 운이 좋았던 것 같다. 물론 그녀는 성실하고 근면하기도 했다. 그래서 지방검찰청에서는 변호사 시험에서 떨어진 해리스를 법률 사무원으로 계속 일하게 해주었을 뿐 아니라 공부할 수 있는 공간까지 마련해 주었다. 그리고 절치부심하여 두 번째 시험에서 당당히 합격했다. 해리스는 이 일로 인해 어머니가 그녀에게 전해 준 근면과 끈기라는 가치가 얼마나 소중한지 깨달았다.

"국민을 위해, 카멀라 해리스입니다."

해리스는 검사로서 처음 법정에 섰을 때 몹시 초조해했다. '국민을 위해'라는 서약은 그녀에게 신념이었고, 중요한 힘이었다. 그녀는 날카로운 펜으로 누군가의 자유를 박탈할 수 있는 권한을 가지게 된 것이다. 해리스가 앨러미다 카운티 지방검찰청으로 처음 출근한 1990

▲ 앨러미다 카운티 지방검찰청

년 앨러미다 카운티 소재지인 오클랜드의 살인 사건은 146건으로 사상 최고치였다. 감옥에서 살해된 마약왕의 말이 끄는 장례식 행렬이 오클랜드 거리를 지날 때 1,000여 명의 조문객이 몰려들 정도였다.

해리스는 자잘한 절도 사건과 같은 강도 낮은 사건을 다루다가, 능력을 인정받아 승진하게 되었다. 즉, 중범죄를 다루는 사건들을 맡게 되었다. 그런데 이것은 자잘한 절도 사건과는 차원이 달랐다. 그녀는 상사로부터 예전에 많이 썼던 삐삐라고 불리는 무선 호출기를 받았다. 그리고 그것이 울리면 살인 사건이 발생했다는 뜻이었다.

그녀는 처음에는 겁부터 났다. 이런 심각한 사건을 어떻게 처리해야 할지 당황했고, 피해자에게 발생한 끔찍한 일을 모두 증명할 수 없다는 것을 피해자의 가족에게 이해시켜야만 했다. 하지만 사건 현장에 달려가고 증거를 쫓아다니면서 차츰 사건을 해결하는 노하우를 익혀나갔다. 그녀는 점차 많은 사건을 풀어나갔고, 범죄자들은 그녀의 먹잇감에 불과해졌다. 캘리포니아주 지방 검사 해리스는 그녀에게 주어진 일을 끈질기게 물고 늘어졌다.

◆ 불합리한 사법 제도에 맞서다

범죄 해결에 익숙해진 해리스는 미국 '형사사법제도'에 문제가 있음을 느꼈다. 그녀는 이를 바로 세우기 위해 수많은 노력을 하였는데 그중 하나가 바로 현금 보석금 제도의 폐지였다. 당시 범죄 현장에 있었다는 이유만으로 구치소에 감금되는 사람들이 많았다. 만약 내가 그런 상황에 처했는데 금수저들은 돈을 내고 풀려나고 나만 돈이 없어 풀려날 수 없다면 그 박탈감과 정신적 스트레스는 이루 말할 수 없을 것이다.

보석(保釋)이란 보증 석방의 약자로 보석금을 내거나 석방 보증인을 세우고 형사 피고인을 풀어주는 것을 뜻한다. 불구속 재판이 원칙인 우리나라와는 달리 미국은 거의 모든 주에서 재판 전 석방을 위한 보석금을 낼 수 있게 하고 있다. 대표적인 예로, 2023년 트럼프는 선거 조작 혐의로 기소되자 구치소에서 보석금 20만 달러(약 2억 6천만 원)를 내고 애틀랜타 교도소에서 풀려났다.

해리스가 캘리포니아주 법무부 장관이었을 당시 16세의 칼리프 브라우더는 마트에서 배낭을 훔치다 뉴욕에서 체포되었는데, 석방될 수 있는 보석금이 3,000달러에 달했다. 그는 보석금을 마련할 수 없었고, 재판을 기다리며 교도소 독방에서 3년을 보내야 했다. 2015년 그는 교도소에서 풀려난 직후 자살했다.

이런 사실을 안 해리스는 형사사법제도가 사람들의 가난을 처벌한다고 생각했고, 그녀는 보석 제도를 바꾸기로 결심했다. 많은 고민 끝에 임의로 보석금을 지정하는 것이 아니라, 범죄자의 위험 정도나 범죄 행위의 중대성 등을 바탕으로 도주 위험을 평가하는 새로운 방안을 만들었다. 그리고 2017년 각 주에 이 신규 시스템을 권고하는 법안을 발의했다.

그녀의 이런 노력으로 인해, 2023년 미국 일리노이주에서 미국 최초로 현금 보석금 제도가 폐지되었다. 아이러니하게도 현금 보석금 제도는 18세기에 일리노이주에서 처음으로 도입되어 미국 전역에서 시행되고 있었다. 이 제도에 따르면 체포된 피고인은 먼저 교도소에 수감 되고, 죄의 경중에 따라 법원에서 보석금을 책정한다. 그리고 보석금을 납부하면 자유로운 상태로 재판을 기다리게 된다. 간혹 중범죄자들의 경우 보석금을 내고 풀려나면 해외로 도망가는 경우가 있는데, 이는 현금 보석금 제도가 비판받는 이유 중 하나이다.

일리노이주에서 현금 보석금 제도의 폐지는 2022년에 이미 법안으로 만들어져 2023년 1월 1일 시행될 예정이었는데, 일리노이주 102개 카운티 가운데 65개 카운티의 검사장들과 보안관들이 주 헌법에 위반된다며 소송을 제기했다. 하지만 그해 7월 일리노이주 대법원은 현금 보석금 제도 폐지 법안을 주 헌법에 합치된다고 판단했다.

저소득층이 많이 사는 일리노이주 쿡 카운티의 한 변호사는 "일리노이주 법원은 보석금을 감당하지 못하는 사람들로부터 수백억 달러를 벗겨 먹지 않고 재판을 할 수 있게 됐다."라며 합헌 결정을 옹호했다. 이러한 결과는 정의의 관점에서 매우 당연한 것이었다. 하지만 사람들은 당연한 것을 기존 관행과 국민의 안전이라는 핑계를 들이대면서 무시하며 살아가고 있었다. 반면 해리스는 당연하지 않았던 것을 다시 올바르게 되돌려 놓았다. 그녀의 끈기로 지방 검사 시절 다짐했던 '현금 보석금 제도의 폐지'라는 목표를 마침내 이루게 된 것이다.

◆ 약자의 편에서 돈의 권력에 맞서다

해리스는 이후 성범죄를 다루는 부서로 옮겼는데, 그곳의 일은 강간범들과 아동 성착취범들을 구속하는 일이었다.

어느 날 이웃 청년들과 함께 입양 가정에서 도망친 열네 살 가출 소녀가 있었는데, 같이 도망쳤던 청년들이 그녀를 성폭행했다. 해리스는 그 소녀를 대신해 청년들을 기소했다. 그리고 배심원들에게 '그들이 이 소녀를 희생자로 고른 이유가 있습니다. 그것은 바로 배심원 여러분들이 그녀에게 무관심할 것이고 또 믿어주지 않으리라 생각했기 때문입니다'라고 했다. 그녀는 피고들이 범죄의 대상을 정하고 범죄를 저지르기로 마음먹었을 때 배심원 제도의 허점을 이용하려고 했다는 것을 간파한 것이었다.

해리스는 배심원들을 끈질기게 설득한 끝에 결국 유죄 판결을 받아냈지만 '형사 사법 제도'의 한계를 여실히 느꼈다. 성폭력을 저지른 자들을 감옥에 보냄으로써 또 다른 범죄의 위험을 방지할 수는 있겠지만, 이미 성폭력을 당한 소녀를 어떻게 다시 정상적인 삶으로 보낼 수 있을지는 그녀도 알 수 없었다.

특히 이런 사건들이 어려운 것은 유죄 판결을 위해 피해자로부터 증거를 확보해야 한다는 사실이었다. 때로는 여섯 살 정도의 아주 어린 아동을 대상으로 한 사건은 유죄 판결을 얻어내기가 더 어려웠다. 왜냐하면 피해자들의 의사 표현이 아직 미숙할 뿐 아니라 가해자들과의 관계 때문에 법정에서 증인의 역할을 기대할 수 없기 때문이다. 심지어 가해자들은 그런 점을 노리고 아동들을 피해자로 삼기도 했다. 검사가 큰 힘을 가졌다고는 하지만 무기력할 수도 있다는 것을 그녀는 알게 되었다. 그것은 그 뒤로 거의 느낀 적이 없는 극도의 무기력함이었다.

2010년 어느 날 미국 시애틀에 사는 부부는 실종된 열다섯 살 된 딸을 'Backpage.com'이라는 사이트에서 발견하게 된다. 심지어 웹사이트에 올라와 있는 사진에는 딸이 벌거벗은 채 끔찍한 포즈를 취하고 있었다. 그 사진 밑에는 '싱싱한'이라는 표현과 함께 남성들을 기다린다는 문구가 있었다. 그리고 몇 분 뒤 사진은 사라졌다. 누군가가 연락해 그들의 딸을 물건처럼 사 간 것이다.

해리스는 샌프란시스코 검사 시절 아동 성 착취에 대해 단죄하기로 결심했다. 그리고 캘리포니아주 법무부 장관에 취임하자 그 결심을 실행에 옮기기 시작했다. 당시 미국에서는 시애틀에서와 같은 어린 소녀들의 실종 사건, 그리고 인신매매와 같은 일들이 수없이 일어났고, 사건의 원인은 명백했다. 스마트폰만 있으면 누구나 접근할 수 있는 온라인 성매매 사이트였다. 그리고 그런 사이트 중 '인신매매의 월마트'라 할 수 있는 곳이 바로 '백페이지(Backpage.com)'였다.

신문 뒷면 광고라는 뜻의 백페이지는 2004년 만들어졌다. 당시 무료 광고를 제공해 주는 '크레이그리스트(Craigslist)'라는 안내 광고 사이트가 인기였는데, 애리조나주 피닉스의 신문사였던 '피닉스 뉴 타임스'에서 유사한 광고 사이트인 백페이지를 만들어 크레이그리스트와 경쟁하기 시작했다.

크레이그리스트에는 성인들을 위한 카테고리도 있었는데 거의 성매매 알선 게시판으로 사용되고 있었다. 크레이그리스트의 '에로틱'이라는 카테고리에는 노골적으로 성인 광고들이 올라왔고 논란이 되자 직원 검토를 거친 '성인' 카테고리로 대체했다. 그러나 성인 광고는 여전했고 결국 2010년에 폐쇄했다. 크레이그리스트는 자체적으로 성매매를 근절하기 위해 노력했고, 2015년에는 사법기관들에 협조한 공로로 FBI로부터 상도 받게 되었다.

그런데 크레이그리스트에서 광고하던 업자들이 이제는 백페이지로 넘어가기 시작했다. 백페이지는 전 세계 97개 국가에서 943개 사이트를 운영했고 연 매출은 1억 달러를 넘었다. 백페이지 창업자들은 사이트를 운영해 번 돈으로 비싼 집들을 사고 해외여행을 다녔다. 따라서 백페이지는 크레이그리스트처럼 순순히 사이트를 접을 생각이 없었다. 해리스는 2011년 '인신매매, 특히 미성년자 인신매매가 점점 더 우려된다.'라며 전국의 법무부 장관과 함께 경고 서한을 백페이지 변호사에게 전달했다. 하지만 백페이지는 꿈쩍도 하지 않았다.

미국에는 통신품위법(Communication Decency Act)이라는 연방법 230조가 있다. 제3자가 인터넷 사이트에 올린 글에 대해 사이트 운영자는 책임을 지지 않아도 된다는 내용의 조항이다. 이 법은 명목상으로는 어린이들이 온라인상에서 포르노 콘텐츠를 보는 것을 막기 위해 만들어졌지만, 사실상 미국 IT 기업들인 페이스북, 트위터, 구글, 레딧, 그리고 기타 여러 인터넷 기업들이 사이트에 게시되는 콘텐츠에 민형사상 책임을 지지 않아도 되도록 보호하는 법이었다. 미국의 IT 공룡들의 비즈니스 모델은 이와 같은 면책특권을 기반으로 운영되고 있었다.

백페이지도 그 면책특권을 사용했다. 백페이지 변호사들은 이 사건의 법원에서 광고 내용에 대해서는 책임질 수 없으며, 오히려 해리스가 백페이지를 기소할 수 있게 연방의회에 통신품위법을 개정해 달라고 한 내용을 판사에게 제출했다. 즉, 해리스가 요청한 것처럼 통신품위법이 개정되지 않는 한 그들은 죄가 없다는 것이었다.

이렇게 해리스의 노력은 무효로 돌아가는 듯했다. 하지만 해리스는 이 문제를 포기할 수 없었다. 2013년 백페이지를 통해서 한 소녀의 삼촌이 그녀를 팔았는데 시간당 200달러를 받고 호텔에서 강간당했고, 2015년에는 백페이지를 통해서 팔려 간 소녀는 성 매수자에 의해 살해당했는데, 그는 범죄를 숨기려고 아이의 몸을 불태우는 만행을 저질렀다.

해리스는 백페이지를 무너뜨릴 방법을 찾기 위해 끊임없이 고민했다. 하지만 미국 IT 기업들의 본고장인 실리콘밸리를 품고 있는 캘리포니아주에서 이런 일을 한다는 것은 위험천만한 일이었다. IT 기업들은 캘리포니아주의 가장 큰 납세자이자 해리스가 속한 민주당의 지지 기반이었기 때문이다. 그래서 그녀는 통신품위법을 개정하는 대신 다른 해결책을 모색했다. 그녀의 심복을 통해 아동 성 착취와 인신매매의 온상인 백페이지를 무너뜨리기 위한 치밀한 계획을 세웠다.

캘리포니아주 여성 검사인 매기 크렐은 성매매나 인신매매 사건에 관심이 많았는데 백페이지를 대항하기에 아주 적합한 인재였다. 해리스는 그녀에게 3년 동안이나 백페이지의 내부사정을 캐고, 증거들을 조사하라고 지시했다. 그리고 마침내 때가 왔다.

2016년 7월 해리스는 크렐 검사에게 전화해 희생자는 얼마나 되는지, 증언할 증인은 있는지, 기소에 걸림돌이 될 법 조항은 없는지 등 사건의 세부 사항을 물었다. 크렐은 해리스의 지원을 받아 백페이지를 무너뜨리기 위한 기소를 준비했다. 그리고 해리스는 텍사스주 법무부 장관인 켄 팩스턴과 함께 텍사스주 댈러스에 있는 백페이지 본사를 급습하고 CEO 칼 페레르를 체포했다. 또한 창립자들인 마이클 레이시와 제임스 라킨도 이후에 체포되었다. 체포 혐의는 미성년자 성매매, 그리고 성매매 알선 혐의였는데, 그들은 무죄를 주장했다. 해리스는 그들이 보석금으로 석방되는 것을 반대했으나, 페레르는 50만,

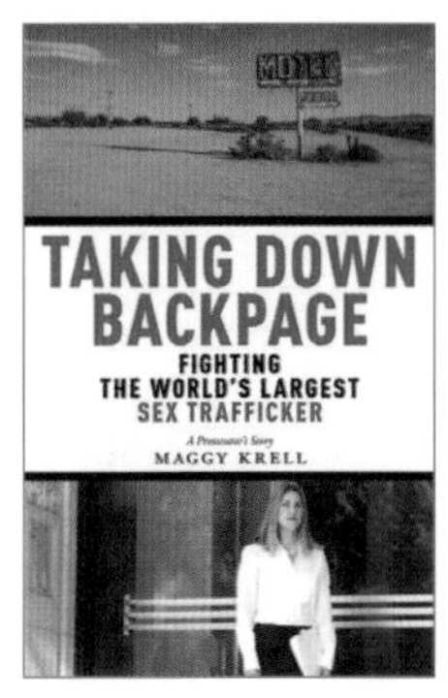

▲ 백페이지 수사를 기록한 크렐 검사의 회고록

창립자들은 각각 25만 달러의 보석금을 내고 풀려났다. 그리고 오히려 그들은 해리스를 불법 기소 혐의로 고발했다.[4]

아동 성 착취와 관련한 수많은 사건이 발생하고 몇 년 만에 법정에서 재판이 열렸고, 피해 아동들의 부모들은 그날 처음으로 세 명의 백페이지 간부들을 볼 수 있었다. 하지만 백페이지의 변호인단은 미성년자 성매매는 물론 알신 혐의도 통신품위법을 근거로 혐의없음을 주장했다. 판사는 결국 이 사건을 기각했지만, 해리스는 포기하지 않고 두 번째 카드를 들고 나왔다. 바로 자금 세탁 혐의였다. 해리스의 지시로 크렐과 그의 동료들은 백페이지의 금융 거래 내역을 면밀히 조사했는데, 아이슬란드, 헝가리, 리히텐슈타인 등 여러 국가의 은행들을 이용해 자금을 세탁한 증거를 찾을 수 있었다.

마침내 고등법원의 로렌스 브라운 판사는 백페이지에게 자금 세탁 혐의가 있다고 판결했고, 백페이지 CEO 페레르는 유죄를 인정했다. 해리스의 끈기는 아동 성 착취의 근원지였던 백페이지를 2018년 폐쇄시켜 버렸다.

3

인생의 비극은 현실 안주에서 시작된다

◆ 삼체인들의 끈기

최근 넷플릭스에 '삼체'라는 드라마가 방영되었다. 몇 년 전에 나왔던 SF 드라마 '로스트 인 스페이스'를 첫째 딸이랑 너무 재미있게 봤기에 같은 SF 장르였던 삼체도 안 볼 수가 없었다. 삼체는 원래 중국의 SF 작가 '류츠신'이 2006년부터 잡지에 연재하여 2008년 단행본으로 낸 소설을 원작으로 하고 있다.[5]

그의 소설은 오바마 대통령이 "작품 스케일이 워낙 커서 백악관의 일상사가 사소하게 느껴졌다."라고 할 정도로 호평받았다. 중국에서만 300만 부가 팔렸고, 과학 소설 분야의 노벨상인 휴고상을 장편소설 부문에서 수상하기도 했다. 소설 속에는 SF 장르답게 외계인이 나오는데 우리가 생각하는 외계인과는 상당히 다르다. 그들은 우주를

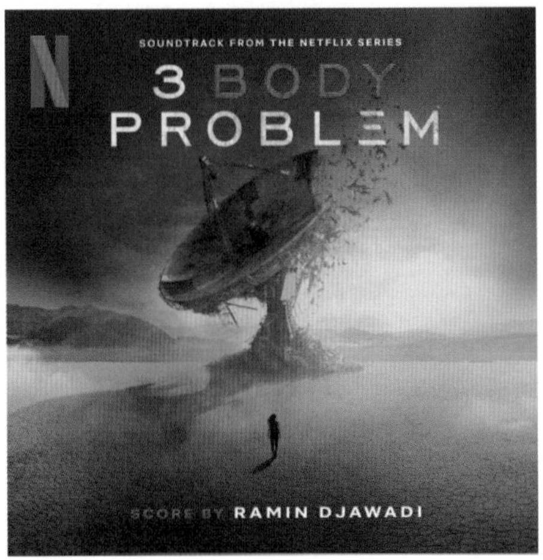

▲ 넷플릭스 삼체 드라마

정복하기 위해서 지구로 오는 것이 아니라 본인들의 행성에 살 수 없기에 생존을 위한 행성을 찾아서 지구로 오게 된다.

외계인들의 행성은 '삼체문제'라는 풀 수 없는 문제를 가지고 있다. 태양처럼 자기 스스로 빛을 내는 별을 항성이라고 하는데, 외계인들은 지구의 태양계와 아주 가까운 센타우루스자리 알파 항성계에 산다. 그곳에는 실제 삼중성으로 항성이 세 개가 있다. 그런데 그 항성들의 움직임을 예측하는 것은 불가능하다.

삼체문제는 18세기 뉴턴이 그의 역작인 『프린키피아』에서 처음 언급했는데, 뉴턴은 물론이고 유명한 수학자인 라그랑주, 라플라스 등도 풀 수 없었다. 결국 19세기 들어서 '앙리 푸앙카레'에 의해 삼체 문제가 풀 수 없는 문제라는 것이 수학적으로 증명되었다. 이체인 수소 원자가 정확한 해를 구할 수 있는 유일한 원자모형인 것도 바로 이

때문이다. 달리 말하면 2024년을 사는 지금도 삼체인 헬륨 원자부터는 원자와 전자의 운동을 기술하는 정확한 해를 구할 수 없다.

세 개 항성이 있는 태양계의 행성에는 생명이 살아남을 수 없다. 세 개 항성 중 한 개가 행성 가까이 와서 대기가 너무 뜨거워지거나, 세 개 항성 모두 너무 멀리 가버려서 추워지는 상황이 발생하기 때문이다. 이 세계에서는 문명이 생겨났다가 멸망하게 되는 것이 자연스럽다. 이런 환경에서 그들은 탈수된 채로 가사 상태에 들어갈 수 있도록 진화했고, 소수가 끈질기게 살아남아 다시 다음 문명을 창조하였다. 그들은 결국 새로운 삶을 찾기로 결심했다. 오랜 시간 이민을 위한 우주선을 준비하고, 마침내 지구를 향해 출발한다.

나는 이 드라마와 소설 세 권을 모두 재밌게 보았는데 소설 속에서 삼체인들은 지구인들을 온실 환경에서 자란 화초로 묘사한다. 지구인들은 안정적인 태양계에 태어나서, 온실 속 화초만큼 좋은 환경에서 살 수 있었다는 뜻이다. 반면 그들은 9천만 년 동안 삼체 태양계에서 수백 번 문명을 탄생시켰다 멸망당했다.

사람이 죽을 고비에 맞닥뜨리면 무슨 일이든 하는 것처럼, 그들도 살기 위해 끊임없이 노력하고 발버둥쳤다. 그런데 곰곰이 생각해보니 우리의 삶도 삼체인들과 닮아 있다는 생각이 들었다. 매일 아침 새로운 하루를 맞이해서 끊임없이 분투하고 해가 지면 집으로 가서 그날을 마감하니 말이다. 그리고 현재 자신이 사는 곳보다 더 나은 곳으로 가기 위해 준비한다. 그 자리에 머물러 있으면 퇴보하고 멸망하기 때문이다. 우리도 삼체인의 끈기를 배우고 노력해야 살아남을 수 있는 것이 아닌가 생각해 본다.

◆ 인생의 비극

"인생의 비극은 실패가 아닌 현실 안주에서 시작된다."

미국 조지아주 애틀랜타에서 흑인 최초로 대학 총장이 된 유명한 인권운동가 '벤저민 메이스'가 남긴 말이다. 메이스는 현재 미국 역사에서 민권 운동의 위대한 설계자로서 민권 운동의 토대를 만들었다고 평가되고 있다.

그는 20세기 미국 민권 역사에서 가장 유명한 마틴 루터 킹 목사에게도 많은 영향을 미쳤는데, 한때 해리스가 나온 '하워드 대학교'의 종교학과 학장으로도 있었다. 그리고 애틀랜다 교육위원회 의장과 대통령 고문으로서 인권에 대한 정의와 함께 비폭력 운동을 강조했다. 그는 현실에 안주하지 않고 수많은 연설을 통해 백인들의 인종차별에 대항했는데 우리가 본받아야 할 또 한 명의 위인이다.

인생의 비극은 현실 안주에서 시작된다고 하지만 우리는 현실에 너무나도 쉽게 안주한다. 그리고 현실과 쉽게 타협한다. 도전을 향해 나아가는 끈기를 가지지 못했기 때문이다. 왜 사람들은 현실에 안주할까?

첫 번째는 현재 상황이 그렇게 나쁘지 않고 버틸 만하기 때문이다.

20대의 직장인들은 매일 아침 회사에 나가기 바쁘다. 주위에서 책을 읽으라고 해서 도서관에서 책 한 권을 빌렸지만 읽는 둥 마는 둥 한다. 일이 끝나면 친구들과 술을 마신다. 상사의 뒷담화와 가십거리로 시간을 보낸다. 회사일이 즐겁지는 않지만 그렇다고 죽을 만큼 싫은 것도 아니다. 그래서 다음날 또 출근한다. 우리가 처음 직장을 구할 때의 간절함은 어느새 저 멀리 가버렸다.

두 번째, 지금까지 쌓아온 경력과 인간관계 등 가진 것을 버리기 아깝다.

30대가 된 직장인들은 책을 좀 읽고 무언가를 해보려고 한다. 열심히 성공과 관련된 책들을 읽는다. 자기계발서들은 회사 월급만으로는 노후를 즐겁게 보낼 수 없으니 주식 투자를 하고 부동산을 사라고 한다. 좀 더 진보적인 책들은 회사에 다니지 말고 스스로 창업해야 한다고 말한다. 남의 밑에서 일하지 말고 자신을 위해 일하라고 말한다. 하지만 우리는 지금까지 회사에서 만들어 놓은 인맥과 자신의 이름 석 자가 박힌 명함을 버리지 못한다.

세 번째, 우리는 본능적으로 새로운 일에 도전해서 성공하는 기쁨보다 실패에 대한 두려움을 더 크게 느낀다.

40대가 되면 무언가를 해야 한다는 조바심이 생겨난다. 회사에서는 젊은 친구들이 치고 올라오고 상사들은 내리누른다. 샌드위치처럼 눌려버리는 것이다. 눌려버리다 못해 옆으로 튀어나온다. 그러고는 창업 박람회나 투자 세미나를 기웃거린다. 하지만 그뿐이다. 과감히 회사를 나오기보다는 울며 겨자 먹기로 회사를 다닌다. 무언가 해보기에는 실패 리스크가 너무도 크다. 가족을 먹여 살리고 대출을 갚아야 하기 때문이다. 현실과 타협해버린다.

지금 자기 모습을 거울에 비춰보라. 무엇이 보이는가? 우리가 현실에 안주하는 이유는 사람들이 변화하기 위한 노력을 하지 않기 때문이다. 실패에 대한 두려움을 느끼는 본능을 스스로 거스르지 못했기 때문이다. 하기 싫음을 이겨내고 귀찮음을 바닥에 던져버릴 수 있는 간절함이 없기 때문이다. 하물며 그 작은 매미도 자유의 몸이 되기 위해서 길게는 7년이라는 세월을 땅에서 보낸다. 인생의 비극은 이렇게 시작된다.

하지만 해리스는 우리와 다르다. 해리스는 지구인보다는 삼체인에 가까운 삶을 살았다. 한 곳에 안주하지 않고 끊임없이 더 발전된 곳을 향해 나아갔다. 사전을 찾아보면 끈기란 '쉽게 단념하지 아니하고 끈질기게 버티어 나가는 기운'이다. 끈기라는 말이 뿌리가 나무를 지탱하듯 참을성 있게 견뎌내는 뜻인 근기(根氣)에서 비롯되었다는 말도 끈기가 기본에 충실하면서 끝까지 버티는 저력을 의미하기 때문이다. 해리스는 기본에 충실하면서 그녀의 목표를 향해 끊임없이 나아갔다.

해리스는 지방 검사를 거쳐 지방 검사장으로 취임한 이후에도 15년 동안 형사 사법 제도를 개혁하는 데 거의 모든 시간을 보냈다. 그녀의 '형사 사법 제도를 개혁해야 한다.'라는 소명 의식이 그녀에게 15년 동안 하나의 목표를 향해 달려갈 수 있는 끈기를 주었던 것이다. 그리고 그것은 결국 그녀를 성공하게 만들었다.

◆ GRIT 방정식

"자제력이 지적 능력보다 학문적 성과에 더 뛰어난 영향력을 미친다."

안젤라 더크워스의 베스트셀러 『그릿 GRIT』에 나오는 말이다. GRIT은 성장(Growth), 회복력(Resilience), 내적 동기(Intrinsic Motivation), 끈기(Tenacity)의 조합이다. 또한 GRIT은 한국말로 '투지'로 해석되는데, 무언가를 성취하고야 말겠다는 불굴의 정신이라는 뜻이다. 이 단어는 미국 육군 사관학교인 웨스트포인트에서 시작되었다. 장교가 되기 위한 사관생도들이 힘든 훈련이나 뜻하지 않은 어려움을 잘 이겨내는지 평가하는데 그 항목 중의 하나가 GRIT이다. 신체적인 강함과 함께 정신적인 강함, 즉 끈기가 있어야 장교가 될 수 있다는 뜻이다. 실제로 많은 사관생도가 웨스트포인트에 정식으로 입학하여 1학년이 되기도 전에 GRIT 평가에서 떨어져 집으로 돌아간다고 한다.

GRIT에는 또한 노력과 끈기의 중요성을 알려주는 성공 방정식이 하나 나온다.

성공 = 재능 * 노력 * 노력

이 방정식은 성공에는 재능이 필요하지만, 그에 따른 노력은 2배, 아니 2제곱 더 중요하며 노력이 없다면 성공은 하나도 없다는 것을 의미한다. 현실에 안주하는 우리가 성공하기 위해 꼭 기억해야 할 방정식이다. 이 방정식에 따르면 금수저로 태어나기보다 노력과 끈기를 가진 사람이 더 성공할 수 있다. 따라서 우리는 금수저, 수저계급론과 같은 유행어에 휩쓸릴 필요도 없고 흙수저라고 좌절할 필요도 없다. 금수저보다 더 중요한 끈기가 있기 때문이다.

어떤 책에서는 끈기를 기르기 위해서는 명확한 목표, 열망, 자존감, 분명한 계획, 적절한 지식, 협력, 의지 같은 것들이 필요하다고 장황하게 설명한다. 하지만 나는 끈기를 기르기 위해서 참을성만큼 중요한 것이 없다고 본다. 끈기를 기르기 위해서는 자제력과 참을성이 있어야 한다는 얘기다.

끈기는 우직하게 물고 늘어지는 힘이다. 인내력과도 연관이 있다. 내일 먹을 사탕을 오늘 먹지 않을 기본적인 참을성이 있다면 끈기를 기르기는 쉽다. 그렇다고 안될 것을 주구장창 물고 늘어지라는 얘기는 아니다. 경험을 바탕으로 될 것으로 판단이 되면 끈기 있게 물고 늘어지라는 것이다.

내가 제일 좋아하는 영화는 톰 행크스 주연의 '포레스트 검프'이다. 오프닝 음악도 아주 좋아해서 3년 전 피아노를 배우면서 많이 연습하여 혼자서도 칠 줄 알게 되었다. 포레스트 검프는 어렸을 적 불편한 다리 때문에 다른 아이들에게 놀림을 받으면서 도망친다. 하지만 어린 포레스트는 슬퍼하지 않는다. 오히려 첫사랑 제니를 위로해 준

▲ 영화 '포레스트 검프' 포스터

다. 그 영화에서는 포레스트가 풋볼을 비롯해 베트남 파병, 탁구, 새우 사업 등에서 성공을 거두는 모습을 보여주지만, 내가 보고 싶은 것은 그의 한결같음이다. 어려운 상황에서도 슬퍼하지 않고 꿋꿋하게 자신의 할 일을 하는 모습이 우리가 배울 수 있는 진정한 교훈이라 생각한다.

인생은 슬플 때도 있고 즐거울 때도 있지만 항상 현재 나의 모습, 나의 자리를 꿋꿋이 지켜나가면 되는 것이다. 우리 주변에는 끈기를 배울 수 있는 사람들이 언제나 존재한다. 우리는 그들에게서 끈기를 배우고 내 것으로 만들어야 한다. 그래야 해리스처럼 인생의 비극으로부터 탈출해 짜릿한 성공을 맛볼 수 있을 것이다.

해리스의 성공 법칙 2 : 금수저보다 귀한 가치인 끈기를 길러라!

3장

강력한 믿음과 정의감

1

I have a Dream

◆ 역사를 알아야 하는 이유

최근 TV에서는 '벌거벗은 세계사'라는 프로그램이 인기다. 교수님들이 나와서 주제별로 강연을 해주시는데 귀에 쏙쏙 들어오게끔 잘 설명해 주신다. 이 프로그램이 재미있는 이유는 역사가 픽션이 아니기 때문이다. 다시 말해, 지어낸 이야기가 아니라 그 시대 사람들이 겪었고 실제로 존재했던 이야기들이기 때문이다.

역사를 알면 우리가 나아가야 할 방향을 알 수 있다. 역사 속에서 앞서 살았던 인물들이 잘잘못을 거울삼아 우리가 올바로 행동하고 선택할 수 있게 된다. 또한 우리의 역사를 통해서 정체성을 확립하고 자존감을 가질 수 있다. 반면 다른 민족의 역사를 통해서는 그 나라의 문화와 사상을 이해할 수 있다. 그러면 그들의 행동과 생각을 알 수 있고 쉽게 다가갈 수 있다. 우리가 반도체, TV, 자동차를 생산해서 수출하려면 그 나라의 법과 제도, 역사와 관습을 이해하고 있어야 하는 것도 같은 맥락이다. 우리는 카멀라 해리스의 성공을 이해하고자 한다. 그러기 위해 미국 역사에 대해 좀 더 깊이 알아야 할 필요가 있다.

◆ 버지니아주 치안판사 찰스 린치

미국의 역사는 17세기 영국인들이 아메리카로 건너와 식민지를 세워 정착하면서부터 시작되었다. 영국인들은 열세 개 식민지를 세웠는데, 동부의 넓고 비옥한 토지에 기반한 농업과 상업을 중심으로 성장해 나갔다. 당시 미국에서 사고파는 모든 것에 대해 영국에 세금을 내야 했는데, 영국인들은 세금을 부과하기 위해 새로운 법까지 제정하였다.

하지만 미국 이주자들은 아무 혜택 없이 세금만 부과하는 영국에 불만을 느꼈다. 결국 그 유명한 '보스턴 차 사건'을 일으켰다. 영국인들에게 미국은 식민지였기 때문에, 식민지에서 선출한 국회의원을 영국 의회에 대표로 보내는 것은 허락되지 않았다. 미국 이주자들은 같은 영국 국민으로서 부당한 대우를 받는다는 사실에 분노했고, '대표자 없이는 세금은 없다.(No taxation without No representation)'를 구호로 외치며 영국에 대항했다. 이후 영국에 대해 쌓였던 이주자들의 반감이 폭발하고, 결국 독립전쟁이 발발하게 된다.

1776년 전쟁은 미국의 승리로 끝났다. 미국이 영국으로부터 독립하자 미국에 살던 영국 지지자들은 대규모 탈출을 감행했다. 그 당시 끝내 탈출하지 못한 영국 지지자들이 있었는데, 이주민들의 가혹한

▲ 보스턴 차 사건

보복이 이루어졌다. 재산을 몰수당하고 가혹한 폭력에 희생당했으며, 미국 정부에서는 독립의 결속을 다진다는 차원에서 이를 묵인했다. 또한 사법기관의 권한이 지방까지 영향을 미치지 못하면서, 버지니아주에서는 재판 절차를 거치지 않고 처형할 수 있는 법까지 생겨났다. 그리고 법을 만든 '찰스 린치' 치안판사의 이름을 따서 '린치법'이라 불렀다. 그 당시 처형은 주로 목에 밧줄을 걸어 사형시키는 형태로 군중에 의해 이루어졌는데, 이때부터 '린치'(Lynch)는 고유명사가 되었다.

19세기에 벌어진 남북전쟁 이후, 흑인 노예 해방의 부작용으로 KKK(Ku Klux Klan)단과 같은 백인 우월주의자들이 날뛰었고, 이들은 흑인들에게 '린치'를 대표적인 인종차별 수단으로 사용했다.

1889년 앨라배마주에서는 아무 죄도 없는 흑인 조지 메도우스를 백인들이 린치했다. 피해자인 백인 여성은 그가 저지른 일이 아니라고 린치하는 백인들을 말렸는데도 소용없었다. 결국 그는 죽어서 나무에 목이 매달렸다. 그리고 이틀 뒤에 진짜 범인이 잡혔다.

미국에는 이런 노래가 있다.

> 남부의 나무엔 이상한 열매가 열리지요, 잎에도 뿌리에도 온통 피범벅,
> 검은 몸뚱이가 남부의 산들바람에 흔들리죠, 미루나무에 이상한 열매가 열렸답니다.
> 용맹의 고장, 남부의 목가적인 풍경 아래, 튀어나온 눈과 비틀어진 입술,
> 달콤하고 신선한 목련꽃의 냄새와, 불타버린 살점의 냄새까지!
> 까마귀가 파먹는 열매가 열렸어요, 비에 맞고 바람에 시달리며,
> 햇볕에 썩어서 결국 나무에서 떨어져 버리는, 참으로 이상하고 씁쓸한 과일이랍니다.

이 노래는 1939년 유명한 미국 흑인 가수 빌리 홀리데이가 부른 노래이다. 독자들도 이미 예상하겠지만 이 노래의 제목인 이상한 열매는 나무에 목이 매달린 흑인을 말한다. 당시 미국에는 조지 메도우스 사건과 같이 흑인들에 대한 인종차별이 극에 달했는데, 흑인이 백인들에게 린치당해 나무에 목이 매달리는 일이 일상이었다.

이 노래가 나오자 엄청난 논란에 휩싸였고 라디오에서는 금지곡으로 지정되었다. 미국 헌법에서는 인종차별을 금지하고 있었지만, 실상 백인들은 아무도 자신들이 흑인들을 차별한다고 생각하지 않았다. 단지 분리한다고 생각했을 뿐이다.

◆ 짐 크로우 법

'짐 크로우'는 19세기 미국의 어느 쇼 프로그램에 나오는 흑인 캐릭터다. 백인들은 흑인을 놀리고 비하하기 위해 멍청한 흑인 캐릭터를 등장시켰다. 남북전쟁 이후 남부 11개 주에서는 공공장소에서 흑백 분리를 강제하는 법을 만들었는데, 이 법의 이름이 '짐 크로우 법'이다. 식당은 백인 전용과 유색인 식당으로 나누어져 있어 흑인이 백인 전용 식당에 들어갈 수 없었다. 또 흑인은 인도에서 백인이 맞은편에서 올 때 차도로 내려가지 않으면 폭행당하고 경찰에 잡혀 감옥에 끌려가야 했다.

당시 연방 대법원에서는 짐 크로우 법을 미국 헌법에 위배되지 않는 정당한 법이라고 판결했는데 판결의 논리로 '분리하되 평등하게'라는 개념을 적용했다. 그리고 백인들은 대법원에서 이 법을 인정했기 때문에 흑인들이 당연히 따라야 한다고 생각했다.

이 법은 1964년 인종, 민족, 출신 국가 그리고 소수 종교와 여성에 대한 차별을 불법이라고 규정한 '민권법'(Civil Right Act)이 제정되어 무효화 되기 전까지 1876년부터 88년간 계속 유효했다. 그리고 그동안 흑인들은 백인 우월주의자들에게 무수한 인종차별과 린치를 당했다.

◆ 흑인 민권 운동의 시작

1951년 캔자스주 토피카에 사는 여덟 살 '린다 브라운'은 집 바로 앞에 있는 섬너(Sumner) 초등학교에 다닐 수 없었다. 그곳은 백인 전용 학교였는데 어린 그녀는 도무지 납득할 수 없었다. 그녀는 집 앞에 있는 학교를 놔두고 기찻길을 건너 20분을 넘게 걸어야만 갈 수 있는 흑인들을 위한 초등학교에 다녀야만 했다. 린다의 아버지 '올리버 브라운'은 딸을 섬너 초등학교에 전학시키려 했지만, 당연히 섬너 초등학교 교장은 캔자스주 분리법을 이유로 이를 거부했다.

린다의 아버지는 그의 딸이 집 앞에 학교에 다닐 자유가 있다고 생각했고, 수정헌법 14조인 미국 시민으로서 '법 앞에 평등한 권리의 보호'에 위반된다며 연방 대법원에 토피카 교육위원회를 고소하게 된다. 이때 해리스도 존경했던 훗날 미국 최초의 흑인 연방 대법관이 되는 '서굿 마셜'이 브라운의 변호인으로 등장한다. 마셜은 기존의 재판과는 다른 전략을 세우는데, 바로 사회과학자들의 연구 결과를 변론에 인용하는 것이었다. 물적 증거로만 재판했던 당시로서 그것은 기상천외한 방법이었다.

이전부터 사회과학자들은 인종 분리가 흑인들에게 어떤 영향을 미치는지 연구하고 있었다. 연구 결과 중에는 '흑인 아동들이 인종 분리로 인해, 자신들이 백인보다 좋지 않은 사람들이라는 생각을 당연시하고, 어릴 때부터 패배감을 가진다'라는 내용도 있었는데, 마셜은 이 부분을 인용하며 변론의 초점을 맞춘다. 그리고 그는 이 연구 결과를 재판의 증거로 제출하면서, 인종 분리 자체가 흑인들에게 비합리적이고 불평등한, 차별적인 행위이고 '분리하되 평등하게'라는 개념은 수정헌법 14조를 정면으로 침해한다고 주장했다.

대법원은 만장일치로 브라운의 손을 들어주었다. 대법원은 인종적으로 분리된 학교 시스템은 아무리 시설에서 차이가 없다고 하더라도 '본질적으로 불평등'하다며, 분리된 학교는 어린 흑인 학생들의 마음에 열등감을 불러일으킨다고 판결하였다. 그리고 얼 워런 대법원장은 이른 시일 내에 남부에 존재하던 인종 분리 교육을 통합하라고 정부에 명령을 내렸다. 하지만 남부의 3,000여 개 학교 중 600개 정도만 명령을 따랐고 나머지는 거부했다. 인종차별은 여전히 미국 곳곳에 존재하고 있었다.

◆ 마틴 루터 킹 목사의 꿈

"나에게는 꿈이 있습니다. 저의 네 명 자녀들이 이 나라에 살면서 피부색으로 평가받지 않고 인격으로 평가받게 되는 날이 오는 꿈입니다."

1963년 8월 28일, 마틴 루터 킹 목사는 이날 워싱턴 D.C 링컨 기념관 앞 연단에 서 있었다. 백인과 흑인, 남녀노소 할 것 없이 25만 명이 워싱턴 기념비를 뒤로 하고 링컨 기념관 앞 내셔널 몰 공원을 가득 채우고 있었다. 그 더운 여름날 그들에게 누가 오라고 편지를 보낸 적도 없고, 신문에 광고한 적도 없었다. 하지만 그들은 그의 연설을 들으러 정확히 그 시간에, 그 장소에 모였다.

마틴 루터 킹 목사가 유명해서 그를 보러 온 것이었을까? 그들은 자신의 믿음 때문에 온 것이었다. 국가가 자유를 보장할 수 있다는 믿음, 백인과 흑인이 평등할 수 있다는 믿음, 그리고 스스로가 자녀들에게 떳떳할 수 있다는 믿음 때문이었다.

그는 억압과 불평등에 폭력으로 대항하지 않았다. 대신 민주주의와 정의를 위한 외침으로 그 꿈을 이루고자 했다. 그 과정에서 수없이 많은 흑인이 희생당했고, 백인 우월주의자가 저지른 마틴 루터 킹 목사의 암살로 그들은 침묵을 강요당했다. 하지만 그들이 있었기에 미국

이 지금과 같은 위대한 나라가 될 수 있었다.

우리는 얼마나 수많은 이들이 억압과 불평등 속에 희생당했는지, 그리고 얼마나 오랫동안 탄압과 학살에 맞서 싸워야 했는지를 기억해야 한다.

▲ 마틴 루터 킹 목사

해리스는 어렸을 적 캘리포니아의 흑인 문화 센터인 '레인보우 사인'에서 흑인 사상가들의 강연에 심취했다. 그녀가 들었던 수많은 강연 중에 제일 인상 깊게 들었던 강연이 바로 마틴 루터 킹 목사의 믿음에 대한 강연이었다. 그 강연을 통해 해리스도 언젠가 흑인들이 평등하게 그들의 권리를 행사할 수 있는 날이 오리라는 마틴 루터 킹 목사의 꿈을 꾸었다. 안타깝게 희생당한 그 소중한 꿈을 언젠가 그녀가 이룰 수 있으리라는 믿음을 가졌다. 그리고 그 믿음은 어린 해리스가 법무부 장관이 되자 현실로 한발 다가서게 되었다.

2

I can't breathe

◆ 외할아버지에게 배운 차별에 저항하는 법

해리스의 외할아버지 'P. V. 고팔란'(Painganadu Venkataraman Gopalan)은 인도 정부의 공무원이었는데, 그는 매우 진보적인 사람이었다. 그는 남녀 차별이 심했던 인도에서 아들이든 딸이든 동등하게 교육받아야 한다고 생각했다. 그래서 해리스의 어머니 '샤말라 고팔란'이 캘리포니아 대학 버클리의 내분비학 석사과정에 합격했을 때, 외할아버지는 공무원에게는 엄청난 돈이었던 수업료와 숙박비를 주저없이 딸에게 건네주었다.

해리스는 어머니를 따라 인도에 갈 때마다 남부 첸나이에 있는 '베산트 나가르' 해변을 산책하며 그녀의 외할아버지와 이야기를 나누었다. 그리고 그 순간들은 그녀가 살아가면서 가지게 된 강한 믿음과 신념에 많은 영향을 미쳤다. 또한 그는 어린 해리스에게 평등의 중요성과 차별에 저항하는 법을 가르쳐주었다.

◆ 열한 번의 외침

2014년 7월 미국, 한가롭던 뉴욕시 길거리에서 민간인 신분의 흑인을 백인 경찰들이 목 졸라 죽인 사건이 발생했다.

당시 '에릭 가너'는 뉴욕 스태튼 아일랜드 페리 선착장 근처에서 불법으로 담배를 팔고 있었다. 길을 순찰하던 네 명의 뉴욕시 경찰들은 가너를 체포하려 했고 가너는 항의했다.

"저는 도망 안 가요. 내가 왜 도망가겠어요. 난 아무 짓도 안 했어요. 여기 있는 사람들에게 물어보세요. 난 결백해요."라고 했지만 백인 경찰 '대니얼 팬탈레오'는 가너를 체포하기 위해 길바닥에 눕힌 후 목을 조르기 시작했다. '초크'라고 불리는 격투기에서나 쓰이는 기술을 민간인에게 사용한 것이었다. 위험한 기술인 초크는 이미 뉴욕 경찰국에서 금지한 체포 방식이었다.

가너는 "I can't breathe"를 외치며 숨을 쉴 수 없다고 열한 번이나 말했지만, 팬탈레오는 이를 무시하고 가너의 목을 졸랐다. 19초 뒤에 가너가 실신하자 응급차를 불렀는데, 응급차가 오는 7분 동안 경찰들은 그가 살아있다며 심폐소생술 같은 아무런 응급조치도 취하지 않았다. 그는 병원으로 옮겨졌고 결국 한 시간 뒤에 사망했다.

부검 결과 가너가 앓고 있던 천식, 심장병, 비만도 사망에 영향을 미친 것으로 판명되었으나, 뉴욕 검시소는 그의 사망을 '살인'에 의한 것으로 규정했다. 하지만 경찰은 건장한 체구의 가너가 이런 병력을 가지고 있는 줄 몰랐다고 발뺌했다.

미국에서 경찰 폭력은 공공연히 이루어졌다. 특히 암묵적인 편견으로 인해 흑인들은 차별적인 대우를 받았고 이것은 에릭 가너의 죽음과 같은 끔찍한 결과로 이어졌다. 하지만 더 큰 문제는 이런 일들이 계속해서 일어났다는 것이다.

◆ 뻔한 거짓말

2015년 4월, 미국 사우스캐롤라이나주에서도 유사한 사건이 일어났다. 흑인 수민 '월터 스콧'은 자신의 차를 몰고 가던 중 백인 경찰 마이클 슬레이거에게 불심검문을 받게 되었다. 스콧의 차에 브레이크등이 꺼져있었기 때문이었다.

당시 스콧은 이혼한 부인과 자녀들에게 양육비를 지급하지 않아 법적으로 문제가 있던 상황이었다. 그래서 슬레이거가 스콧의 면허증을 받아 조회하려고 하자, 스콧은 순간 겁이 났고 차 문을 열고 달아나게 된다. 슬레이거는 스콧을 쫓아가다 뒤에서 갑자기 스콧을 향해 여덟 발의 총을 쏘았다. 결국 스콧은 그 자리에서 숨졌다.

3일 뒤 슬레이거가 체포되었는데 "스콧과 실랑이 중에 전기 충격기를 빼앗겨 정당방위로 총을 발포했다."라고 주장했다. 또한 경찰 보고서에는 슬레이거가 스콧에게 심폐소생술을 한 것으로 되어 있었다. 그런데 근처에 있던 행인이 스마트폰으로 찍은 영상에는 슬레이거의 진술과 전혀 다른 내용이 담겨 있었다. 슬레이거가 총을 쏜 뒤 쓰러진 스콧 곁에 다가가서 슬쩍 자신의 전기 충격기를 떨어뜨리는 장면이 포착된 것이다. 그는 쓰러진 스콧에게 다가가서 '심폐소생술'이 아닌 '거짓말을 위한 증거 조작'을 했던 것이다.

이 밖에도 수없이 많은 인종차별적 경찰 폭행 사건들이 일어나고, 미국 전역으로 '흑인의 생명도 소중하다(Black Lives Matters)' 운동까지 확산되면서 해리스는 미국의 경찰 폭력에 대한 특별한 조치가 필요하다고 생각했다. 그리고 2015년 그녀는 캘리포니아주 법무부 장관으로서 샌프란시스코의 경찰관들에게 경찰관 바디 카메라 의무 착용을 명령했다. 이것은 수많은 흑인 희생자들이 생겨난 이후 미국에서 처음으로 시행된 조치였다.

◆ 소리치지 않으면 아무도 쳐다보지 않는다

또 하나의 문제는 팬탈레오나 슬레이거 같은 폭력 경찰들이 제대로 처벌받지 않았다는 것이다. 법원은 동영상 증거까지 있었는데도 에릭 가너를 살해한 팬탈레오를 기소하지 않기로 했다. 스물세 명의 배심원 중 열네 명의 백인 배심원들이 팬탈레오 경관에게 범죄 혐의가 없다는 결론을 내렸기 때문이다. 백인 배심원들은 이 사건에 대한 문제의식이 전혀 없었다. 그리고 은근슬쩍 넘어가는 분위기였다. 하지만 흑인들은 가만히 있지 않았다. 그들은 미국에 정착한 뒤로 수많은 희생과 억압 속에서 '소리치지 않으면 아무도 쳐다보지 않는다'라는 사실을 가슴 깊이 배웠기 때문이다.

처음에는 과격한 폭력 시위가 일어났지만, 이후에는 워싱턴에서 가너의 어머니, 아내와 함께 2만 5천 명이 대규모의 비폭력 시위를 벌였다. 또한 NBA 선수인 코비 브라이언트, 르브론 제임스도 "I can't breathe" 문구가 적힌 티셔츠를 입고 경기했다. 결국 가너를 죽인 팬탈레오는 사건 5년 만에 해임되었다. 한편, 스콧을 죽인 슬레이거는 아무 조치도 받지 않다가 전기 충격기를 자신이 슬쩍 가져다 놓은 영상이 공개되고 나서야 파면되었고, 살인 혐의로 기소되었다.

◆ 정의 경찰 훈련

해리스는 경찰들이 스스로 정의롭게 행동할 수 있다고 믿었다. 또한 그녀는 이런 일들이 근본적으로 일어나지 않도록 하는 것이 중요하다고 생각했다. 그래서 그녀는 캘리포니아주 법무부 장관으로서 경찰국장인 '래리 월리스'를 비롯한 경찰 지도부를 전부 집합시켰다. 그리고 그녀 앞에 불려온 경찰관들에게 인종적인 편견들을 구별할 수 있도록 하는 정의에 대한 훈련을 받도록 지시했다.

미국이 아메리카 땅에 세워진 이후부터 이미 뿌리 깊게 내린 편

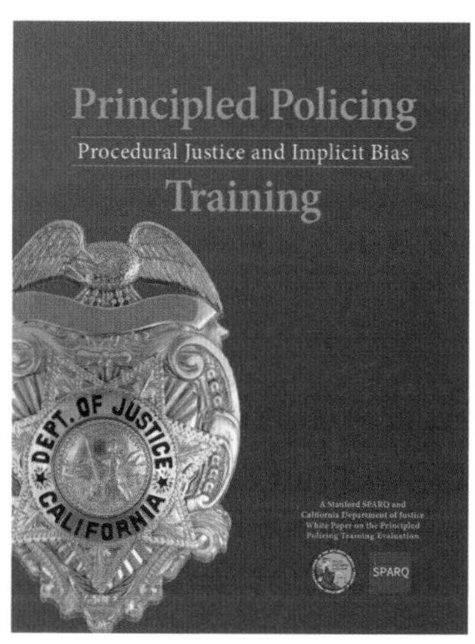

▲ 해리스의 정의 경찰 훈련 프로그램 매뉴얼

견들을 없애는 훈련은 쉬운 일이 아니었다. 아직도 인종차별주의자와 백인 우월주의자들이 존재하며, 일부 백인들은 아직도 흑인들이 멍청하고 어리석다고 생각한다. 하지만 그녀는 어릴 적 외할아버지로부터 평등의 중요성과 차별에 대항하는 법을 배웠고 그것을 토대로 훈련의 기초를 세웠다. 또한 당근과 채찍을 통해 경찰 지도부를 끈질기게 설득했다. 결국에는 그들도 훈련이 필요하다는 것에 동의하도록 만들었다. 정의 훈련 프로그램을 만들고, 계획하고, 실행하는 것에 적극적으로 참여하도록 만들었다.

스탠퍼드 대학의 에버하르트 교수에게 정의 훈련 프로그램에 대한 효과를 검증받을 수 있었던 것도 경찰이 스스로 변할 수 있다는 그녀의 강력한 믿음 덕분이었다. 그리고 그녀는 지방 검사 시절 '형사사법제도'라는 하나의 큰 문제를 놓고 평생 좋은 방향으로 변화시키겠다고 결심했었다.

그 결심을 이룰 수 있다는 해리스의 믿음은 결국 이러한 결과를 가져왔다. 특히 여성으로서의 세심함이 그녀의 강한 믿음과 결합되어 미국이란 나라가 더욱 공정하고 안전한 사회로 한 걸음 나아갈 수 있게 만들었다. 그러면 우리는 과연 어떨까? 우리는 스스로에 대한 믿음이 있는가? 성공을 위해서는 자기 자신에게 이 질문을 꼭 한 번쯤 해봐야 한다.

3

흑인들은 처음부터 노예로 태어났는가?

◆ 한계를 넘어 진정한 자아를 찾아라

내가 19세기에 미국에서 흑인으로 태어났다면 어땠을까? 백인들의 린치에 두려워 떨며 살았을 것이다. 우리는 언제 어디서 태어날지 결정할 수 없다.

하지만 우리가 어떻게 살지는 결정할 수 있다. 흑인 노예로 태어났더라도 그저 주어진 대로 계속 노예로 살 수도 있고, 아니면 탈출해서 자유롭게 세상을 살아갈 수도 있다.

노예로 태어났다고 그의 진정한 자아가 노예는 아니다. 우리의 몸은 자유롭지 못할 수 있지만 정신은 자유로울 수 있다. 해리스가 살아온 모습 또한 지금 우리에게 주어진 것을 벗어나 자기 자신을 믿고 진정한 자아를 찾으라고 말하고 있다.

◆ 노예제도의 기원

노예제도가 언제부터 시작되었는지 알기 어렵지만, 선사시대 이후부터 부족간 전쟁으로 생겨난 지배계층이 전쟁에서 잡아들인 피지배 계층을 재산이나 가축처럼 취급한 데서 비롯된 것으로 보인다. 성경의 창세기(43장 18절)에도 '노예'라는 표현이 나오는 걸 보면 노예제도는 인간이 이 땅에 살면서부터 자연스럽게 생기기 시작했다고 볼 수 있다. 고대 이집트부터 그리스, 로마 등 거의 모든 문명에 노예가 있었는데 고대 그리스 도시국가인 아테나에서는 인구 중 40%가 노예였다고 한다. 또한 로마 시대에는 노예가 주로 오락을 목적으로 사용되었는데, '글래디에이터' 나 '스파르타쿠스' 같은 영화들을 보면 그 시대상을 잘 보여주고 있다.

▲ 고대 이집트 노예

중세 시대로 와서는 로마-가톨릭교회에서 노예제를 금지했지만, 오히려 15세기가 되자 교황 니콜라스 5세의 칙령을 바탕으로 유럽에서 비기독교인에 대한 노예화를 합법화시켰다. 표면적으로는 이교도와 불신자를 줄인다는 명목으로 노예화에 종교적, 도덕적 정당성을 부여했다. 하지만 실제로는 경제적 이익을 위한 유럽의 식민지 활동과 노예무역을 합리화한 것이었다.

◆ 흑인 노예무역

포르투갈은 북대서양의 아조레스와 마데이라 제도(현재도 포르투갈령으로 되어 있다)에 식민지를 건설하고 밀과 사탕수수를 재배했다. 농장에 인부가 너무 부족해서 처음에는 포르투갈인들이 아프리카 지역의 흑인 노예들을 사 왔다. 무력으로 사람들을 잡아 온 것이 아니라, 노예라는 의미 그대로 아프리카 추장들에 의해 길들여진 노예들을 노예상들로부터 사 온 것이었다.

아프리카 부족들은 그들의 노예를 포르투갈의 머스킷 총과 같은 무기와 교환하고 부족간 전쟁에 사용해 세력을 확장하려고 하였다. 초기의 이러한 노예무역은 거래 현장에 아프리카인들이 압도적으로 많은 상황이었기 때문에 대등한 조건으로 이루어졌다. 하지만 포르투갈은 점점 더 많은 노예가 필요해지면서 앙골라 등의 일부 아프리카 지역을 아예 정복해서 노예가 아닌 흑인들을 잡아 배로 실어 날랐다.

흑인 노예무역이 시작된 후 아프리카 흑인은 스페인에 의해 아메리카 대륙의 식민지 개척을 이유로 이주당했다. 아메리카 대륙의 원주민들을 이용하지 않고 왜 아프리카 흑인들이 필요했을까? 이는 1550

▲ 아프리카 흑인 노예

년 스페인 비야돌리드 궁정에서 국왕 카를로스 1세의 지시하에 개최된 '비야돌리드 논쟁'에서 비롯된다.

◆ 악마들의 신대륙 정복

당시 유럽은 대항해시대를 거쳐 신대륙 정복이 한창이었다. 1492년 바하마 제도를 처음으로 발견하고 아메리카를 죽을 때까지 인도라고 주장한 탐욕적인 '콜럼버스'는 너무도 유명하다. 이후 1521년에는 인구 500만 명에 달하는 아즈텍문명을 멸망시킨 학살자 '코르테스', 그리고 1530년에는 잉카 문명을 약탈하러 떠나 수많은 잉카 여자들을 농락한 '피사로'가 있었다. 그리고 그들의 만행은 '라스 카사스' 신부에 의해 만천하에 드러났다. 라스 카사스 신부는 스페인 도미니크회 소속의 신부로서 노예화를 합법화한 교황의 칙령 이후 지속해서 노예제도를 비판했다. 그는 '서인도제도의 역사'라는 책을 써서 신대륙 정복자들에 의해 자행된 만행들과 수많은 원주민이 겪었던 비참한 상황에 대해 자세히 기술했다.

그는 책에서 "그들은 사람들 사이로 뚫고 들어가 어린이건 노인이건 임신부건 가리지 않고 몸을 찢었으며, 칼로 베어서 조각을 냈다. 울타리 안에 가둔 한 떼의 양을 습격하는 것과 다를 바 없었다. 그들은 누가 단칼에 한 사람을 두 동강 낼 수 있는지, 창으로 머리를 부술 수 있는지, 또는 내장을 몸에서 꺼낼 수 있는지 내기를 걸었다. 그들은 갓난아기의 발을 잡고 엄마의 젖가슴에서 떼어내 머리를 바위에다 패대기쳤다. 어떤 이들은 아기의 어깨를 잡고 끌고 다니면서 놀리고 웃다가 결국 물속에 던져 넣고, '이 작은 악질 놈아! 허우적거려 보라!'고 했다. 그들은 또 예수와 열두 제자를 기리기 위해 열세 개의 올가미를

▲ 신대륙 정복자들의 만행

만들어 원주민 열세 명을 매달고 그들의 발밑에 모닥불을 피워 산 채로 태워 죽였다……"[6, 7]라며, 도저히 사람이라고는 할 수 없는 짓들을 공공연하게 일삼아온 그들의 만행을 세상에 낱낱이 고발했다. 라스 카사스 신부에 따르면 그들은 악마 그 자체였다.

◆ 비야돌리드 논쟁

스페인 국왕이었던 카를로스 1세는 뒤늦게 원주민들을 보호하고 노예화와 착취를 금지시키는 법을 1542년에 공포했다. 하지만 식민지 통치자들의 반발에 부딪혀 비야돌리드 궁정에서 논쟁이 시작된 것이었다. 라스 카사스 신부를 비롯한 수도사들은 원주민을 보호해야 한다고 주장하며 강제 개종과 교화를 주장했다.

결국 비야돌리드 논쟁에서 "아메리카 원주민은 이성과 문화가 있는 '사람'이기 때문에, 노예로 삼거나 가혹한 만행을 저질러서는 안 된다."라는 결론과 함께, 당시 사람으로 보지 않았던 아프리카 흑인을 아메리카 식민지 개척에 활용하기로 한 것이다. 지금으로서는 이해할 수 없는 결정이지만 당시에는 절충안을 찾은 것이었다.

하지만 아프리카 흑인들을 이주시켰던 노예선은 위생환경이 매우 열악했다. 묶여있는 상태에서 대소변을 보게 하고 전염병이 만연해 처음 배에 탄 흑인 중 절반 정도만 살아서 도착했다. 16세기에서 19세기까지 아메리카로 실려 간 아프리카인은 1,100~1,200만 명으로 추정된다. 그리고 이들 가운데 약 64만 명은 미국 땅으로 끌려갔다. 이렇게 미국 흑인 노예의 역사가 시작되었다.

◆ 현대 사회에서 노예로 살아가지 않는 방법

우리는 흑인 노예선에 의해 미국으로 끌려간 노예들과 다를까? 물질적으로 보면 하늘과 땅 차이다. 그러면 정신적으로는 얼마나 다를까?

우리는 삶의 대부분을 노예로 살아간다. 어렸을 때는 공부의 노예로 살고, 커서는 돈과 직장의 노예로 살아간다. 그리고 늙어서는 자식들의 노예로 살아간다.

지금도 우리 주변에는 신대륙의 악마 같은 사람들이 넘쳐난다. 자기를 위해 일하는 회사 직원들을 때리고, 욕설을 퍼붓는다. 그리고 땅콩 하나 때문에 수백 명이 탄 비행기를 멈추는 사람도 있다. 노예로 살게 되면 신대륙의 악마 같은 사람들에게 정복당할 수밖에 없다. 그렇다면 어떻게 노예가 아닌 삶을 살 수 있을까?

파울로 코엘료의 소설 『연금술사』를 보면 주인공 산티아고는 중요한 선택을 한다.

산티아고는 어렸을 때 자신의 의지와 상관없이 라틴어와 스페인어, 신학을 공부했다. 그의 아버지가 성직자가 되기를 원했기 때문이다. 하지만 그는 어렸을 때부터 세상을 알고 싶었고, 세상을 아는 것이 신을 알고 인간의 죄를 배우는 것보다 훨씬 중요하다고 생각했다. 그래서 산티아고는 세상을 배우기 위해 이곳저곳 돌아다니는 양치기가 되었다. 그는 더 이상 노예의 삶을 살지 않기로 선택한 것이다.

소설 속 산티아고가 사막을 건너면서 해와 대화하는 장면이 나온다. 대화 중에 산티아고가 해에게 다음과 같이 말한다.

"바로 그게 연금술의 존재 이유야. 우리 모두 자신의 보물을 찾아

전보다 나은 삶을 살아가는 것. 그게 연금술인 거지. 납은 세상이 더 이상 납을 필요로 하지 않을 때까지 납의 역할을 다하고, 마침내는 금으로 변하는 거야. 연금술사들이 하는 일이 바로 그거야. 우리가 지금의 우리보다 더 나아지기를 갈구할 때, 우리를 둘러싼 모든 것도 함께 나아진다는 걸 우리에게 보여주는 거지."[8]

▲ 책 연금술사 표지

산티아고는 연금술의 존재 이유를 자신의 보물을 찾아 더 나은 삶을 살아가는 것이라고 했다. 그리고 그 보물은 바로 자기 자신이다. 결국 그는 진정한 자아를 발견한다.

◆ 우리는 스스로를 믿고 있는가?

우리는 어릴 때 부모님의 영향을 많이 받는다. 그래서 부모님의 가이드대로 인생을 살아가는 경우가 많다. 내가 아니라고 해도 무의식중에 부모님으로부터 받은 영향은 또 다른 모습으로 표출된다. 문제는 그 영향 속에 자신을 가두어 둔다는 것이다. 우리는 자신이 본래 어떤 사람인지 알아야 한다. 내가 납인지 구리인지, 석탄인지 알아야 우리가 어떻게 살아야 하는지를 알 수 있다. 그래서 노예가 아닌 자기 자신이 되려면 기존 가치관과 구속에서 벗어나야 한다.

선입견을 버리고 유연하게 삶을 탐험해야 한다. 기존의 가치관에서 벗어나서 나 자신의 가치관을 바로 세워야 한다. 나 자신을 드러내면 낼수록 내가 누군지 알게 되고 진정한 자아를 찾게 된다. 그리고 자기 삶을 유연하게 즐길 수 있게 된다. 그러기 위해서 우리는 해리스처럼 자신을 믿어야 한다. 그래야만 자신의 능력이 온전하게 발휘될 수 있기 때문이다.

우리가 어떻게 노예가 아닌 진정한 삶을 살 수 있는지에 대한 답은 이미 나왔다. 산티아고처럼 자유로운 양치기가 되면 된다. 자신의 진정한 자아를 발견하기 위해 노력하면 된다. 그리고 노예가 아닌 자유인으로 살아가는 사람들의 공통점을 찾아서 자신의 것으로 만들면 된다.

자유인들은 꿈을 가지고 스스로 믿고 나아간다. 해리스도 마찬가지였다. 그녀는 자신이 불공정한 미국 사회를 변화시키겠다는 꿈을 가졌고, 직접 변화시킬 수 있다고 믿었다. 그녀는 스스로 연금술사가 되었다. 그리고 자신이 가진 힘을 통해 기존의 불합리한 법을 바꾸고 앞으로 필요한 법안을 제정해 나갔다. 마틴 루터 킹 목사처럼, 백인들에게 린치를 당하고 부당한 대우와 경찰 폭력에 희생당하는 흑인들이 더 나은 삶을 살 수 있도록 그녀 스스로 세상을 바꿀 수 있다고 믿었다.

4

자유는 공짜가 아니다

◆ 아카데미가 놓친 최고의 영화

아카데미가 놓친 최고의 영화에 '블레이드 러너', '식스 센스'와 함께 항상 상위권에 랭크되는 영화가 바로 '쇼생크 탈출'이다. 아마 이 영화를 못 본 사람은 거의 없을 것이다. 쇼생크 탈출은 1995년 아카데미 시상식에서 7개 부문에 노미네이트 되었지만 당시 포레스트 검프, 펄프픽션, 가을의 전설, 라이온킹, 스피드 등 다들 한 번쯤은 보았을 명작들과 같이 상영되는 바람에 아카데미 상을 탈 수 없었다.

'팀 로빈스'가 열연한 주인공 앤디가 교도소를 탈출하고 빗속에서 하늘을 향해 팔을 뻗는 장면은 잊을 수가 없다. 그는 교도소를 탈출하기 위해 치밀한 계획을 짰다. 조그만 손 망치를 구해 매일 밤 벽을 파냈다. 그리고 탈옥한 그가 사용할 교도소장의 비자금을 차근차근

▲영화 쇼생크 탈출 포스터

모아두었다. 그렇다. 자유는 공짜가 아니다.

이 영화의 원제는 탈출이 아닌 구원(Redemption) 이다. 즉, 앤디는 쇼생크에서 단순히 탈출한 것이 아니라, 교도소에서의 생활과 탈출하는 과정에서 깨달음을 얻고 그의 인생을 구원받았던 것이다. 하지만 앤디의 친구들은 정식으로 출소하였음에도 그렇지 못했다. 영화 속에서 앤디의 친구 레드는 동료들에게 이런 말을 한다.

'너희는 저 담벼락이 장애물로 보이나? 시간이 지나면 저 담벼락에 의지하게 될걸세.'

감옥에 오랫동안 있게 되면 감옥을 집으로 생각하게 되고 더 이상 자유가 필요 없게 된다.

◆ Freedom is not free

자유는 피와 땀을 통해 얻어내야 한다. 자유를 빼앗겼다 시간이 흘러 자기 의지와 상관없이 다시 돌려받은 사람들은 그 자유 속에서 절망한다. 영화 속에는 '브룩스'라는 할아버지가 나온다. 그는 거의 평생을 감옥에서 살았다. 그렇기에 노인이 되어 출소한 세상은 그에게 위험천만하다. 도로에서는 자동차들이 경적을 울리며 지나가고, 번잡한 도시에서 사람들은 정신없이 살아간다. 그 속에서 브룩스는 아무 의미를 찾지 못한다. 결국 그는 스스로 목숨을 끊고 만다.

앤디와 가장 친했던 '레드'도 출소 후 브룩스가 갔던 길을 그대로 따라간다. 신기한 버스를 타고 정부가 구해준 마트 일자리는 어색하기만 했다. 레드 역시 브룩스가 스스로 목숨을 끊은 호텔에서 잠을 잔다. 그들에게는 감옥이 제일 안전한 곳이었다. 감옥에서의 생활이 그들 인생의 전부였고 자유를 얻자마자 생명력을 잃어버렸다.

◆ 연금술사 해리스 - 백 온 트랙

해리스는 사법기관의 역할이 단순히 죄를 범하는 것에 그치면 안 된다고 생각했다. 사법기관은 범죄자들이 죄를 뉘우치고 교화되어 다시 새로운 삶을 살 수 있게 도와주어야 한다고 믿었다. 그래서 그녀는 캘리포니아 지방 검사장이 되었을 때 범죄자들을 개화시키기 위한 프로그램을 만들었다.

'백 온 트랙'이라는 이 프로그램은 그녀가 범죄자들을 구원할 수 있다는 강력한 믿음에서 출발했다. 그녀는 먼저 스스로 자신을 믿는다면 타인도 자신을 믿으리라 생각했다. 그리고 그 생각은 한치도 틀리지 않았다.

당시 사법 정책은 범죄자들에게 더 가혹한 형벌이나 충분한 처벌을 지향했다. 따라서 프로그램을 시행했던 초기에는 외부 사람뿐만 아니라 함께 일하던 사람들에게서도 반발이 심했다. 그들은 검사가 하는 일은 범죄자들을 감옥으로 보내는 것이며, 귀중한 시간과 자원을 낭비한다고 해리스를 비난했다. 하지만 그녀는 변화를 만들고 싶었고 그것이 가능하다는 것을 증명하고 싶었다.

그녀는 참가자들이 프로그램을 성공적으로 완수하면 그들의 전과를 삭제해주겠다고 약속했고 이 약속이 그들을 변화시킬 것이라고 굳게 믿었다. 해리스는 그들을 믿었고 그들도 해리스를 믿었다.

결국 프로그램을 시작한 지 1년 만에 범죄자였던 참가자 전원이 검정고시에 합격했고, 안정된 직장을 얻었다. 자식을 둔 아버지들은 밀렸던 양육비를 지급했고, 마약중독자들은 마약에서 벗어났다. 해리스의 자신에 대한, 그리고 재소자들에 대한 믿음은 그들을 변화시켰고, 그들을 구원할 수 있음을 증명했다. 그녀는 범죄자들을 구원한 연금술사였다.

◆ 아직 끝나지 않았다

'Black Lives Matters' 운동이 활발해지고 나서 잠잠했던 경찰 폭력 사건은 2019년 들어 또다시 발생하기 시작했다. 텍사스주 자기 집에서 조카와 게임을 하다가 잘못 신고받고 출동한 경찰이 쏜 총에 죽은 '아타티아나 제퍼슨', 켄터키주 본인 침대에서 새벽 1시에 경찰들이 들이닥쳐 쏜 총에 죽은 스물여섯 살 응급구조사 '브리오나 테일러' 등 또다시 흑인들에 대해 경찰의 공권력이 남용되기 시작하였다. 그리고 2020년 미국 전역의 흑인들을 분노하게 하는 결정적인 사건이 일어난다.

2020년 5월 25일, 미네소타주 편의점에서 20달러짜리 위조지폐로 담배를 산 조지 플로이드는 미니애폴리스 경찰관의 무릎에 8분 46초 동안 목이 눌려 숨을 거두었다. 근처 CCTV에 찍힌 그는 경찰들과 만난 순간부터 수갑이 채워지고 무릎으로 제압당할 때까지 아무런 저항도 하지 않았다. 또한 바로 앞에서 목격한 10대 소녀의 휴대전화 영상에는 플로이드가 "숨을 쉴 수 없다. 살려달라."라고 하는 장면도 있었다. 또 행인들이 경찰에게 숨이라도 쉴 수 있게 해달라고 요구하는 장면도 있었다. 하지만 경찰은 멈추지 않았다. 심지어 그가 의식을 잃은 뒤에도 경찰은 그를 계속 짓누르고 있었다.

이 사건은 2014년 뉴욕에서 일어난 '에릭 가너' 사건과 너무 흡사

▲ 조지 플로이드 추모 시위

했다. 미니애폴리스에서는 분노한 시민들의 대규모 시위가 벌어졌다. 하지만 트럼프 대통령은 시위대를 폭력배(Thugs)라 칭하며 이를 진압하기 위한 주방위군을 배치했다. 그리고 SNS를 통해 '약탈이 시작되면 총격이 시작될 것'이라며 강경 진압을 암시했다. 이에 11월 대통령 선거를 준비하고 있던 바이든 후보는 '지금은 선동 트윗을 할 때가 아니고, 폭력을 선동해서도 안 된다.'라며 비판했다. 또한 지금은 해리스의 러닝메이트인 미네소타 주지사 팀 월즈도 트럼프 대통령에게 '도움이 되지 않는다'라고 나무랐다.

◆ 해리스의 꺼지지 않는 믿음

해리스도 가만히 있지 않았다. 그녀는 흑인들이 더 이상 이런 대우를 받으면 안 된다는 믿음으로 동료들과 '조지 플로이드 경찰법'을 만들기로 했다. 하원에서는 '캐런 배스'와 '제럴드 나들러' 의원이 맡았고, 상원에서는 해리스와 '코리 부커' 뉴저지주 상원의원이 맡아서 초안을 만들었다. 법안에는 경찰의 목조르기 금지, 긴급 체포영장 제한, 면책특권 제한 등 굵직한 안건들이 담겨 있었는데, 2020년과 2021년 두 차례나 하원에서 통과되었다. 하지만 공화당의 반대로 상원에서는 아직도 최종 법안으로 통과되지 못한 상태다. 공화당 내 유일한 흑인 상원의원 '팀 스콧'은 '경찰관도 보호할 필요가 있다'라며 면책특권 제한에 대해 매우 신중한 입장이다.[9]

해리스는 아직도 싸우고 있다. 그녀는 국가의 무력 사용에 대한 독립적인 조사가 필요하다고 주장한다. 또한 '국가적 무력 행사에 대한 기준'이 있어야 한다면서, 이 같은 사건에 대해 명확한 질문을 해야

한다고 했다. '과연 그 상황에서 사람을 죽일 만큼 과도한 폭력이 필요했는가?'라고 말이다.[10]

그녀는 아직도 '마틴 루터 킹 목사의 꿈'에 대한 믿음을 가지고 현실과 싸우며 전진하는 중이다. 해리스의 믿음은 아직 꺼지지 않았다.

◆ 내면의 목소리에 귀 기울여라

자기 자신을 믿는다는 것은 아주 쉬워 보인다. 하지만 막상 상황이 닥치면 "내가 저걸 해낼 수 있을까?"라는 질문을 하게 된다. 자기 믿음은 실패에 대한 두려움, 그리고 자신감과도 깊은 관계가 있다. 하지만 모든 것을 떠나 자신을 믿는다는 것은 전적으로 자신을 얼마나 사랑하는지에 달려있다. 자신을 사랑하는 마음을 기저에 깔고 있는 사람은 자기를 믿을 수밖에 없다.

자기 자신을 믿고 사랑하기 위해서는 자기 내면의 목소리에 귀를 기울이는 것이 중요하다. 자기 자신과 매일 저녁 잠자기 전에 대화해야 한다. 자신의 감정과 욕구를 인정하고, 그것을 표현하는 것에 대해 두려워하지 않아야 한다. 그리고 자신을 있는 그대로 드러내야 한다. 진정한 자아를 발견하려면 내면의 목소리에 귀를 기울여야 한다.

◆ 안 돼도 돼

또한 자신의 한계를 인정하고 실수를 용서하는 것도 중요하다. 일본의 심리상담사인 가토 다카유키가 쓴 『사람을 끌어당기는 자기 긍정의 힘』에는 이런 말이 나온다. "'안 돼도 돼'는 긍정이며 '안 되면 안 돼'는 부정이다. 그러니까 안 풀리고 무능력한 자기에게 있는 그대로 괜찮다고, '허락'해주자." 나는 이 책을 읽고 이런 생각을 했다. '지금까지 긴 세월을 살면서 나는 자신에게 이런 말을 해준 적이 한 번도 없었구나.'

우리는 완벽할 필요가 없다. 신이 아니기 때문이다. 실수를 통해 배우고 성장하는 것에 기뻐해야 한다. 또한 자신을 위한 시간을 가지는 것도 좋다. 좋아하는 취미 활동을 하거나, 혼자만의 시간을 갖는 것은 자신을 돌보는 좋은 방법이다. 자신을 사랑하는 것은 타인을 사랑하는 것만큼이나 중요하다. 우리가 우리 자신을 믿고 사랑할 때, 더 나은 사람이 될 수 있고, 비로소 타인에게도 사랑과 친절을 베풀 수 있다.

해리스의 성공 법칙 3 : 자신을 향한 믿음을 가지고 진정한 자아를 찾아라!

4장

해리스처럼
담대하게 나아가라

1

인간의 본능

◆ 현대인의 뇌 구조

사람의 뇌는 크게 세 구역으로 구분된다.

첫 번째는 합리적인 사고를 담당하는 대뇌피질이다. 대뇌피질은 우리가 흔히 말하는 뇌의 역할을 한다. 논리적으로 생각하고, 본 것을 기억하고, 행동을 판단하는 역할이다. 그리고 외부에서 들어오는 정보들을 뇌의 다른 부분으로 전달하는데 이것도 대뇌피질에서 필터링한다. 우리가 가진 의식도 여기서 활성화되므로 뇌에서 가장 중요한 부분이라 하겠다.

두 번째는 변연계이다. 이곳에 있는 편도체는 본능에 충실하고 감정을 만드는 역할을 한다. 대뇌피질과 유기적으로 연결되어 있는데 대뇌피질이 편도체를 억제할 때가 많다. 하지만 이것을 잘 활용하면 부정적인 감정을 제거하고 긍정적인 감정을 강화할 수 있다.

세 번째는 뇌간이다. 뇌간은 척수와 함께 자율신경계와 연결되어 심장박동, 호흡, 소화 등 우리 생명에 필수적인 역할을 한다. 뇌간은 우리 뇌의 가장 깊숙한 곳에 있어 대뇌피질과 멀리 떨어져 있다. 그래서 우리의 의식과 관계없이 자율적으로 동작한다. 뇌간은 세 개 구역 중 태아 때 가장 먼저 생기는 뇌라고 한다.

신기한 것은 뇌의 구조와 생성 단계가 우리가 생물학적으로 진화한 단계와 매우 유사하다는 점이다. 뇌간은 기본적인 생명체로서 역할을 하므로 원시생물일 때의 뇌라고 볼 수 있다. 변연계는 본능과 감정의 역할을 하므로 포유류 같은 동물일 때의 뇌라고 볼 수 있다. 그리고 대뇌피질은 인간으로서의 뇌라고 할 수 있다. 그래서 우리는 현대에 살고 있지만 원시생물과 동물의 습성 및 본능이 여전히 남아 있다.

우리는 어떤 선택을 할 때 세 개 뇌 영역 중 어떤 부위에 더 많은 영향을 받을까? 합리적인 사고를 담당하는 대뇌일까? 아니다. 우리는

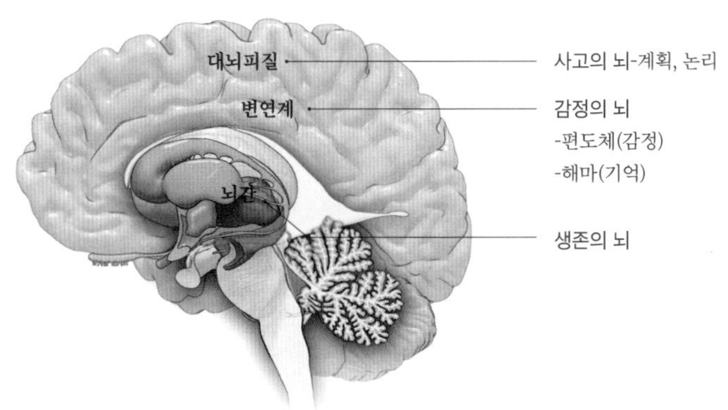

▲ 세 개 영역으로 구분된 인간의 뇌

뇌간과 변연계의 영향을 더 많이 받는다. 리더십 커뮤니케이션 전문가이자 작가인 '사이먼 시넥'은 2009년 Ted에서 위대한 리더들의 행동에 대해 강연하면서 유명해졌는데, 그의 책 『Start with Why』에서 '왜'라는 질문이 사람들에게 영감을 준다고 얘기한다. 그리고 그 이유는 사람들의 뇌간과 변연계가 '왜'라는 질문에 반응하기 때문이라고 설명하고 있다.

그에 따르면, '세계 최초로 비행기를 발명하여 우리에게 하늘을 날 수 있는 자유를 준 라이트 형제는 그들이 비행기를 왜 발명하는지에 대한 이유가 명확했기 때문에 성공할 수 있었다.' 또한 '아이폰을 이 세상에 내놓은 스티브 잡스는 아이폰을 소개할 때 그가 무엇을 어떻게 만들었는지가 아니라 왜 만들었는지를 말한다.' 그래서 우리가 아이폰에 열광할 수밖에 없다고 한다. 우리는 삶을 살아가면서 의식적으로 행동한다고 생각하지만, 뇌간과 변연계가 가진 무의식과 본능이 우리의 선택과 행동에 더 큰 영향을 미치는 것이다.

◆ 우리는 자유의지에 의해 살아가는가?

미국 캘리포니아 대학교의 '벤자민 리벳' 교수는 인간 의식에 관해 연구한 신경과학자였다. 그는 사람에게 자유의지는 없다고 생각하고 이를 증명하기 위한 실험을 준비했다. 1983년 리벳 교수는 실험에 참여한 사람들에게 스톱워치를 하나씩 주면서 자기가 원하는 시점에 시계를 멈추라고 했다. 예를 들어 실험 참가자가 10초에 멈추기로 생각했으면 스톱워치가 10초일 때 시계를 멈추면 된다. 그리고 리벳 교수는 실험 참가자들의 뇌파와 근육신경을 측정하는 센서를 머리와 손에 각각 달았다.

만약 실험자에게 자유의지가 있다면 먼저 시계의 초침이 10초가 되고 손가락을 움직이려는 뇌파 센서에 신호가 온 다음 손가락 근육 신경에 신호가 올 것이라 예상했다. 그러나 실험 결과 뇌파 센서에 신호가 온 다음 시계에서 10초가 지나고 근육신경에 신호가 왔다. 즉 실험자가 10초를 인식하기 전에 대뇌가 먼저 움직인 것이다. 그리고 뇌파 센서에서는 평균적으로 9.6초에 신호가 찍혔다. 따라서 사람이 스스로 의지를 발휘하기 전에 뇌가 0.4초 일찍 신호를 보낸 것이다.

이 실험에서는 우리가 생각하는 자유의지는 없으며, 우리의 행동이 자신의 의지대로 선택한 것이 아니라는 것을 말하고 있다. 우리가 자유의지라고 불렀던 것은 우리의 뇌가 선택한 정보일 뿐이었다. 우리는 자기 삶을 뜻대로 살고 있다고 생각하지만, 사실은 그렇지 않다. 오히려 본능에 지배당해 우리 삶에서 중요한 것들을 놓치고 있다.

◆ 본능에 지배당하는 우리

우리는 스스로 항상 올바른 판단을 한다고 믿는다. 하지만 그렇지 않은 경우가 많다. 특히 다수가 모여있는 상황에서는 더욱 그렇다. 길거리에서 세 명이 아무 일도 없는 하늘을 쳐다보고 있으면 지나가던 누군가는 아무 일도 없는 하늘을 똑같이 쳐다본다. 혼자일 때는 정답을 말할 확률이 99%인 아주 쉬운 문제에 대해, 무리의 대다수가 잘못된 대답을 하는 상황에서는 정답률이 63%로 낮아진다. 군중심리라고 하는 이 집단적 동조 현상은 우리에게 잘못된 판단을 내리게 만든다.

심리학자들은 이러한 군중심리가 오래전부터 진화해온 본능에서 비롯되었다고 설명한다. 오랜 세월 동안 동물들은 주위 동물들의 지배적인 행동에 동조함으로써 위험을 피하거나 도움을 얻을 수 있었기 때문이다. 달리 말하면, 우리 뇌의 변연계에 숨겨져 있는 본능이 대뇌를 조종하여 생존에 있어 위험을 피하는 선택을 하게 만든다. 하지만 현대 사회를 사는 우리에게 생존본능에 따른 군중심리는 오히려 올바른 판단을 내릴 수 없게 한다. 우리가 성공하기 위해서는 수없이 많은 올바른 판단이 필요한데 본능은 이 과정을 방해한다.

◆ 본능을 거스르는 여자

해리스의 어머니는 어릴 적 그녀에게 늘 말씀하셨다.

"카멀라, 너는 앞으로 많은 것을 처음으로 하게 될 거야. 하지만 네가 그 일을 하는 마지막 사람이 되지 않도록 힘쓰렴."

해리스는 인종차별과 폭력이 난무하는 1964년 미국에서 흑인 여성으로 태어났다. 하지만 2017년 미국에서 가장 배타적이라는 상원에 입성했다. 그녀는 사상 두 번째 흑인 여성이자 최초의 인도계 여성 상원의원이었다. 어떻게 그럴 수 있었을까? 이유는 간단하다. 그녀에게는 사상 최초가 너무 익숙했기 때문이다.

그렇다. 그녀는 캘리포니아주에서 2003년 지방 검사장으로 당선되었을 때도 샌프란시스코 최초의 여성 지방 검사장이었다. 그런데 그 당시 그녀가 지방 검사장이 되기 위해 추진했던 선거운동을 보면 상식에 어긋난 행동들이 많다. 일반적으로 지방 선거운동을 할 때는 여러 사람이 볼 수 있게 해당 선거구의 도심에 멋진 사무실을 차리고 큰 플래카드로 자신을 광고한다. 하지만 그녀는 번쩍거리는 샌프란시스코 금융가가 위치한 1,000만 달러짜리 펜트하우스가 아닌, 유독성 폐기물이 길거리에 버려져 있고 마약과 폭력, 그리고 가난이 대물림되는 '베이뷰'라는 곳에 선거운동 본부를 만들었다. 베이뷰는 1940년대 해군조선소가 있었던 샌프란시스코에서 가장 낙후된 지역이었다.

정치 고문들은 해리스에게 미쳤다고 했다. 이곳에서는 선거에 당선될 수 없으며, 어떤 선거 자원봉사자도 이곳으로 오지 않을 것이라고 단언했다. 하지만 그녀는 두려워하지 않았다. 그녀는 자신의 목소리를 내지 못하는 소외된 사람들을 대표하고 모든 샌프란시스코의 주민에게 공공의 안전을 약속하기 위해 출마한 것이었기 때문에, 선거운동 본부로서 베이뷰가 적합하다고 판단했다. 그리고 그것은 신의 한 수였다. 차이나타운, 카스트로 지구 등 샌프란시스코 곳곳에서 백인, 흑인, 아시아계, 라틴계를 불문하고 자원봉사자와 후원자들이 몰려왔다. 이 낙후된 곳이 노동자 계층과 소외받은 사람들에게 가장 접근하기 쉬운 곳이었기 때문이다. 선거운동 본부는 자원봉사자들로 북적거렸고, 그들을 결집시켰다. 그곳은 샌프란시스코에서 10대 그라피티 예술가들이 스프레이 페인트로 '정의'라고 담벼락을 장식해 줄 수 있는 유일한 곳이었다.

몇 주 뒤 그녀는 샌프란시스코 지방 검사장 결선투표에서 승리했다. 그녀는 퀸의 'We are the Champions'가 울려 퍼지고 있는 연단에 나가 승리를 선언했고, 베이뷰 선거운동 본부에서 파티를 열었다. 모두가 미쳤다고 했던 그곳에서 말이다. 그녀는 본능을 거스르는 힘을 지니고 있었다. 그것은 다름 아닌 배짱이었다.

2

해리스의 매력과 배짱

◆ 코코넛 나무

“뭐가 문제인지 모르겠어. 너희들이 코코넛 나무에서 그냥 떨어졌다고 생각하니?”

2023년 5월, 해리스는 부통령 자격으로 백악관 행사에서 히스패닉계 미국인을 위한 교육과 경제적 기회 창출에 대해 연설했다. 그러던 중 젊은 세대가 갑자기 하늘에서 뚝 떨어진 게 아니라 앞세대와의 연결 속에 있으며 자신의 배경과 맥락을 생각해야 한다면서 이 말을 했다.

이 말은 당시 공화당측에서 뜻을 알기 어려운 발언이라며 조롱했고, 인터넷에 밈으로 돌아다녔다. 그로부터 1년하고도 2개월이 지난 2024년 7월, 조 바이든 대통령은 차기 대선 후보에서 사퇴하였고 그녀가 민주당 대통령 후보 바통을 이어받았다. 그러자 그 인터넷 밈이 갑자기 유행되었다. 코코넛 나무 영상은 해리스의 호탕함과 매력을 가장 쉽게 설명해주는 밈이었기 때문이다.

◆ 재치 있는 입담

해리스는 평소 호탕하게 웃고, 흥겹게 춤추고, 재치있는 입담을 보여준다. 9월에 있었던 트럼프와의 첫번째 TV 토론에서도 트럼프의 공격에 그녀는 아주 재치있게 대답했다. 당시 주제는 중동과 유럽에서 벌어지고 있는 이스라엘-하마스, 러시아-우크라이나 전쟁에 대한 것이었다. ABC 방송국 앵커는 트럼프에게 질문했다.

"당신이 대통령이 된다면 세계에서 벌어지고 있는 전쟁에 어떻게 대응할 건가요?, 그리고 전쟁으로 인한 무고한 민간인의 죽음을 막을 수 있나요?"

이에 트럼프는 "만약 내가 대통령이었다면 중동과 유럽에서 일어난 전쟁은 없었을 것입니다. 특히, 내가 대통령이었다면 러시아는 절대 전쟁을 일으키지 않았을 것이며, 이는 내가 푸틴을 잘 알고 있기 때문입니다. 내가 대통령이었을 때 그런 일은 일어나지 않았습니다. 대통령에 당선된다면 대통령 취임하기 전이라도 전쟁을 끝낼 수 있습니다."라며, 이런 전쟁이 일어난 것은 바이든 대통령과 해리스 부통령의 무능력함 때문이라고 비꼬았다.

그러자 해리스는 "그렇습니다. 트럼프는 푸틴을 잘 알고 있습니다. 또한 그가 독재자를 존경하고 스스로 독재자가 되고 싶어한다는 것도 잘 알려져 있습니다. 트럼프 당신은 푸틴에 대해 '그는 원하는 대로 할 수 있다'라고 말했고, 러시아가 우크라이나에 쳐들어갔을 때 '브릴리언트'(Brilliant)라며 기막힌 전술이었다고 말했습니다. 또한 김정은과 사랑의 편지를 주고받은 것도 잘 알려진 사실입니다. 전 세계 독재자들과 권위주의자들이 당신이 대통령이 되기를 바라고 있습니다. 왜냐하면 그들은 당신을 아첨과 뇌물로 조종할 수 있다는 것을 잘 알고 있기 때문입니다. 그래서 당신과 함께 일했던 많은 군 관계자들이 당신을 수치스럽다고 말한 것입니다."라며 오히려 그를 궁지로 몰아넣었다.

트럼프는 당황했고, 이후부터 꼬이기 시작했다. 해리스의 재치있는 입담을 느낄 수 있는 순간이었고, 이때부터 해리스가 TV 토론에서

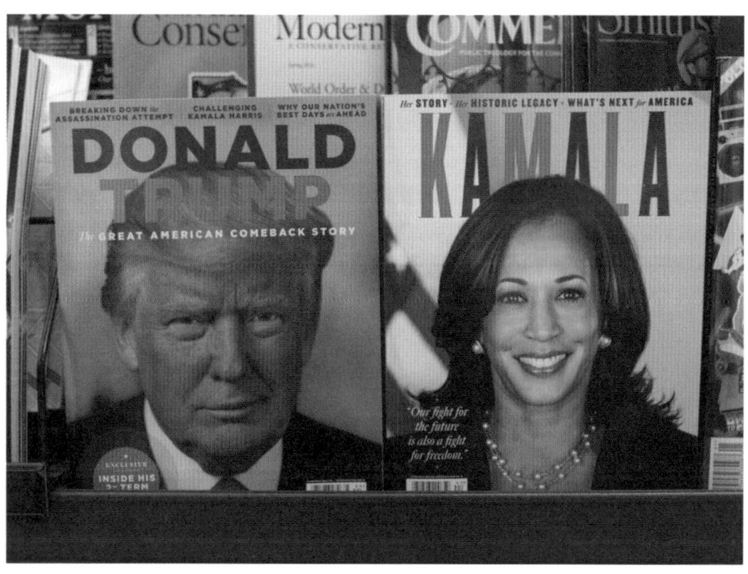

▲ 트럼프와 해리스

승기를 잡게 되었다.

TV 토론 직후 2억 8천만 명의 인스타그램 팔로워를 가진 최고의 팝스타 '테일러 스위프트'는 "해리스가 침착하고 재능있는 지도자라고 생각한다. 혼돈이 아닌 차분함으로 국가를 이끌 때 우리가 더 많은 것을 성취할 수 있다고 믿는다"라며 해리스를 지지했다.

우리는 춤을 출 때 행복을 느낀다. 실제로 미국 뉴욕대학교 신경과학 연구 센터의 연구 결과 땀을 흘릴 정도의 춤을 추면 뇌의 여러 영역이 활성화되고 행복을 느끼게 하는 도파민과 세로토닌이 방출된다고 한다.[11]

해리스도 춤을 아주 좋아한다. 그녀가 춤추는 모습은 인터넷에서 쉽게 찾을 수 있는데, 2023년 뉴욕 프라이드 행진에서는 카일리 미노그의 곡 'Padam Padam'에 맞춰 스톤월 인으로 몸을 흔들며 들어갔다. 그리고 힙합 50주년을 기념하는 백악관 파티에서 릴 웨인과 함께 춤추는 모습도 잡혔다. 인터넷에는 그녀가 2024년 'Juneteenth' 콘서트에서 가스펠 가수 커크 프랭클린과 함께 무대로 초대되어 빙글빙글 도는 모습도 찾아볼 수 있다.

또한 해리스는 신세대 음악 팬이기도 하다. 비욘세의 'Freedom'에 맞춰 2024년 대선 캠페인을 시작했고, 선거 광고에는 채플 로안의 'Femininomenon'을 사용했다. 영국의 인기 있는 싱어송라이터인 찰리 XCX가 그녀에게 'Brat'이라고 했을 때도 해리스는 선거캠프 SNS를 활용해 즉각 호응했다.[12]

'Brat'은 버릇없는 녀석, 악동이란 뜻인데, 해리스가 개성 넘치고 신세대 감각이 있는 정치인이라는 뜻이다. 해리스는 이를 이용해 트럼프에 비해 상대적으로 젊고 반항적인 이미지를 만들었다. 그리고 이것은 젊은 유권자들에게 좋은 반응을 끌어냈다.

◆ 해리스의 담대한 배짱

해리스는 배짱이 엄청난 여자이다. 배짱은 자신의 의견을 굽히지 않고 버티는, 용기 있는 사람에게 자주 쓰는 말인데, '배'는 실제 사람의 배를 뜻한다. 영어로 배짱을 뜻하는 'Gut'도 다른 의미로는 '사람의 배나 내장'이라는 뜻을 지니고 있다. 신기한 것은 사람의 심리가 장의 상태와 연결되어 있다는 점이다. 실제로 장의 건강이 나빠지면 뇌가 직접 영향을 받아 심리가 위축될 수 있다고 한다.

아무튼 해리스가 얼마나 배짱 있는 여자인지는 캘리포니아주 법무부 장관으로서 미국 비우량 주택담보(서브프라임 모기지) 대출 사태를 해결하는 모습에 여실히 드러난다. 미국의 주택담보 대출은 신용등급에 따라 우량(프라임), 준우량(알트에이), 비우량(서브프라임)으로 구분된다. 비우량 주택담보는 신용점수가 낮아 대출이 어려운 사람들에게 높은 금리로 대출을 해주는 상품이었다.

그녀는 2010년 캘리포니아주 법무부 장관에 당선되고 나서, 미국 비우량 주택담보 대출 사태를 조사하기 시작했는데, 대부분의 주택 소유자들이 부당하게 압류당하고 있다는 사실을 알게 되었다. 특히 캘리포니아주에서 서민들의 피해가 심각했다. 911 테러 이후 중앙은행들은 금리를 인하했고, 대부업자들은 이자만 내는 대출, 무이자 대출, 직업이나 재산이 없는 사람들에게도 돈을 빌려주는 소위 '닌자 대출'로 서민들과 노예계약을 맺었다.

▲ 서민들에게 피해를 입힌 서브프라임 모기지 사건

이후 금융사들은 이런 대출을 담보로 잡은 증권을 발행해서 더 큰 이익을 내면서 미국 경제를 좀먹고 있었다. 결국 대표적인 월가의 금융 회사인 '리먼 브러더스'의 파산을 시작으로 미국 경제는 나락으로 떨어졌고 실업률이 17%까지 치솟았다. 부동산이 폭락하고 전국에서 840만 명이 일자리를 잃었으며, 250만 건의 주택이 압류될 처지에 놓였다. 당시 압류 위기로 가장 심한 타격을 입은 열 개 도시 중 일곱 개 도시가 해리스가 있는 캘리포니아주에 속해 있었다.

◆ 두려움에 굴하지 않는 용기

이를 해결하기 위해 미국 전역에서 온 법무부 장관들이 워싱턴 D.C.에서 합동조사단을 꾸렸고 조사 결과가 나왔다. 하지만 해리스는 납득할 수 없었다. 조사 결과에는 구제 금융이 아니라 보상을 대가로 은행들의 면책조항이 들어 있었기 때문이다. '뱅크오브아메리카', 'JP 모건', '웰즈 파고' 등 미국 대형 은행들은 일명 '대리 서명'으로 알려진 수법을 사용해 사람들의 주택을 불법적으로 압류해 왔음에도 벌금만 내면 해결되는 상황이었다. 심지어 불합리한 결과에 대해 피해자들이 다시 은행에 소송을 걸 수도 없는 조건도 포함되어 있었다. 이에 해리스는 각 주 간에 보상금을 어떻게 배분할지 결정하는 회의에 혼자 참석하지 않고 보이콧을 선언했다.

이것은 엄청난 모험이었다. 주위에서 해리스를 걱정하는 전화가 오기 시작했다. 혼자서는 미국 대형 은행들을 상대할 수 없다며 말리는 전화였다. 그녀가 너무 강력한 적을 만들고 있어서 위험할지도 모른다는 것이었다. 실제로 은행들은 해리스를 법무부 장관에서 물러나게 하려고 수천만 달러를 쓰고 있었다. 주변의 정치 고문들은 그녀에게 마음을 단단히 먹으라고 경고했고, 심지어 캘리포니아 주지사는 "당신이 무슨 일을 벌이고 있는지 알기를 바란다."라며 충고했다.

그녀를 다시 협상 테이블로 불러내려는 백악관과 정부 관계자들로부터 전화가 쇄도했으며, 오랜 동지와 적대적인 사람들, 중립적인 사람들에게서도 압력이 들어왔다. 하지만 그녀는 굴복하지 않았다. 은행들은 해리스에게 분노하며 그녀를 설득하려 했지만, 담대한 해리스의 배짱이 오히려 은행들을 굴복시켰다. 그녀가 JP모건 체이스 회장이었던 '제이미 다이먼'과 전화 통화로 담판을 지었기 때문이다. 다이먼은 해리스에게 말했다.

"당신들이 우리 주주들의 재산을 도둑질하고 있어요!"

그러자 해리스가 즉시 쏘아붙였다.

"당신네 주주들이라고요? 우리 주주들은 캘리포니아 주택 소유자들입니다. 당신이 와서 그 사람들을 한번 만나보세요. 그들에게 누가 도둑질했는지 직접 말하란 말입니다!"

그 후 2주가 지나고 은행들은 해리스에게 굴복했다. 이 덕분에 처음 협상 테이블에 올라와 있던 보상금 20~40억 달러 대신 6배에 달하는 180억 달러를 확보했고, 캘리포니아 주택 소유자들에게 200억 달러 상당의 더 많은 구제 금융을 지원할 수 있었다.[13]

해리스는 자기만의 주관과 자신감을 가지고 본능과 두려움에 굴하지 않았다. 그녀는 오히려 본능과 두려움을 그녀 앞에 굴복시키는 여자였다.

우리도 해리스와 같은 배짱과 자신감을 가지고 본능과 두려움을 굴복시켜야 한다. 그러기 위해서는 자기 자신, 그리고 인생에 대해 깊은 고민과 통찰이 필요하다. 또한 자신의 모든 것을 걸 수 있는 용기가 필요하다. 위험을 감수하지 않은 성공은 없기 때문이다. 미국 역사를 살펴보면 해리스처럼 두려움에 굴하지 않고 자신의 모든 것을 조국에 걸었던 위대한 사람을 발견할 수 있다.

3

올바른 신념과 투쟁 정신

◆ 왕이 없는 나라

미국 건국의 아버지들은 세계 최초로 왕이 없는 나라를 만들고자 했다. 하지만 그것은 쉬운 일이 아니었다. 건국 초기에 크고 작은 분쟁이 일어났으며, 독립전쟁과 남북전쟁이라는 두 번의 큰 전쟁을 겪으며 많은 희생이 뒤따랐다. 하지만 미국의 위대한 대통령들은 나라를 위해 투쟁했고 결국에는 세계 최강의 나라를 만들었다.

18세기, 독립전쟁을 통해 영국 왕실에서 벗어난 미국 이민자들은 아메리카에 또 하나의 영국을 만들고 싶지 않았다. 그들은 열세 개 주가 독립적으로 운영되지만 하나의 연방을 이루기를 바랐다. 이 같은 염원이 담긴 버지니아주 요크타운에 있는 독립전쟁 전승 기념탑에는 열세 개 주를 대표하는 여성들이 조각되어 있는데, 그 밑에는 '하나의

▲ 미국 독립전쟁 전승 기념탑(요크타운)

국가, 하나의 목적지, 하나의 헌법(One Country, One Destiny, One Constitution)'이라고 적혀 있다.

미국 초대 대통령이었던 조지 워싱턴 장군은 막강한 권력을 가지고 있었고 그가 원한다면 장기 집권도 가능했다. 하지만 그는 미국이란 나라가 왕처럼 한 사람의 권력에 지배당하면 안 된다고 생각했고, 두 번의 임기가 끝나자 스스로 대통령에서 물러났다.

또한 미국은 그리스의 민주주의와 로마 시대의 공화정을 모델로 건국되었는데, 대부분의 기념관이 그리스와 로마 양식으로 되어 있는 것도 이런 이유 때문이다. 대표적인 예로 워싱턴 D.C의 링컨기념관은 그리스의 파르테논 신전을 본떠서 만들었다.

링컨 대통령은 남북전쟁이 한창이었던 1863년 1월 1일 노예 해방

▲ 워싱턴 D.C.의 링컨기념관

령을 선포했는데, 미국 건국의 아버지들이 가졌던 신념을 이어받아 노예제를 폐지하면서도 연방제는 유지하려고 했다. 하지만 링컨이 대통령에 당선된 1860년, 노예제를 유지하고 싶었던 남부 일곱 개 주는 연방에서 탈퇴하고 또 다른 미국 '아메리카 연합국'을 세워 '제퍼슨 데이비스'를 대통령으로 선출했다. 그러자 링컨은 '어느 주도 미연방에서 탈퇴할 수 없다'라고 확실한 선을 그었고, 이를 공화당계 언론이었던 '뉴욕 트리뷴'에 공표했다. 하지만 선택의 여지가 없었다. 결국 그는 남부 연합을 반란군으로 선언했고, 취임 한 달 만에 남북전쟁이 발발했다.

◆ 자유주와 노예주

당시 미국은 노예주와 자유주로 나누어져 있었는데, 노예주는 미국 남북전쟁 이전에 노예제도가 합법적이었던 주를 말하고, 자유주는 노예제도를 금지했거나 이미 폐지한 주를 말했다. 한창 서부를 개척해 나가던 1812년에는 각각 아홉 개씩 노예주와 자유주가 있어 대등한 상황이었고, 연방에서는 의도적으로 노예주와 자유주의 수를 맞춰서 정치적 균형을 유지해왔다. 그런데 1818년 일리노이주 옆 내륙에 있는 미주리주가 주 승격 요건을 충족하여 미 의회에 하나의 주로 연방 가입을 신청했다. 북부와 남부는 미주리주의 노예제를 인정하냐 마냐로 논쟁을 계속했고, 매사추세츠에 속해 있던 메인주가 새롭게 주 가입을 신청하면서 상황은 더욱 복잡해졌다.

분열 위기에 처했던 미국은 미주리 남쪽 경계선을 기준으로 북쪽에서 가입하는 주들은 노예제를 금지하고, 남쪽은 노예제를 인정할 수 있도록 한 '미주리 타협'으로 논쟁을 마무리 지었다. 하지만 이 같은 임시방편은 오래가지 못했다. 이후에도 남부에서 노예제에 반대하는 움직임이 계속 일어났고, 1830년대부터 노예제 반대 운동은 '윌리엄 로이드 개리슨'이라는 인물을 중심으로 하여 조직적으로 퍼져나갔다. 급기야 1856년에는 캔자스주에서 노예 폐지론자와 일부 과격한 노예제 지지자 간에 대포까지 이용한 유혈사태가 발생했고 남북간 갈등의 골은 점점 더 깊어졌다.

◆ 링컨의 등장

남부와 북부는 새로 가입하는 주의 노예제를 인정하느냐 마냐로 계속 싸우게 되는데, 연방 내에서 도망 노예 송환법, 노예재판, 신생주의 노예제도 유무 등 노예제도 하나로 인한 수많은 갈등이 터져 나왔고 그 어지러운 상황 속에서 에이브러햄 링컨이 등장했다. 정식 수업도 못 받아 간신히 변호사 자격증을 따고 일리노이주 의원으로 활동하던 링컨은 계속된 낙선에도 1846년 37세에 하원의원에 당선되었다. 이후 1858년 일리노이주 상원의원 선거에 출마해 노예제도에 대해 신랄하게 비판하며 흑인 기본 인권까지 주창했지만, 당시 인지도가 낮았던 링컨은 유명 정치인이었던 상대 후보 '스티븐 더글러스'에게 상원의원 자리를 내주고 말았다.

그로부터 2년 뒤인 1860년, 링컨은 상원의원이 아닌 대통령 선거에 출마했다. 그는 두둑한 배짱으로 상원의원을 패스하고 자신의 목표였던 대통령 후보에 바로 도전하기로 결심했다. 링컨 특유의 언변과

▲ 노예제도를 폐지한 링컨 대통령

노예제도에 대한 확고하고 비판적인 입장은 북부 시민들에게 큰 인기를 끌었고 2년 전보다 더욱 커다란 파급력을 가지게 되었다. 당시 미국 정치는 공화당, 민주당뿐 아니라 이민자 혐오, 노예 찬반 등의 이유로 입헌 통일당, 입헌 민주당 등 여러 정당으로 쪼개져 있었다. 11월 대선 결과, 남부와 북부로 분열된 미국을 보여주듯 투표수에서는 그 누구도 과반수를 얻지 못했지만, 선거인단에서 북부와 서부의 표를 압도적으로 가져온 공화당의 링컨이 대통령에 당선되었다.

◆ 남북전쟁의 시작

하지만 링컨의 대통령 당선은 연방 분열의 시작이었다. 링컨의 당선 소식을 전해 들은 남부 주들은 곧바로 연방 탈퇴를 선언하기 시작했다. 1860년 12월 20일 사우스캐롤라이나의 탈퇴를 필두로, 미시시피, 플로리다, 앨라배마, 조지아, 루이지애나, 텍사스가 차례로 연방을 이탈했고 이렇게 이탈한 일곱 개 주는 '아메리카 연합국'이라는 새로운 국가를 창설한다. 미국이 두 개로 갈라지게 된 것이었다. 남부의 이탈 이후 양 지역은 서로 노예제에 대한 타협안을 계속해서 제시했지만, 갈등은 결코 메워질 수 없었다.

이후 버지니아, 아칸소, 테네시, 노스캐롤라이나까지 연방에서 탈퇴하고 남부 연합에 합류하면서 전쟁은 점점 더 첨예한 대립을 이루게 되었다. 북부의 육군 총사령관 '윈필드 스콧'은 남부의 해안 전역을 봉쇄하는 아나콘다 계획을 고안하여 남부 경제를 무너뜨리려 했다. 이미 발달한 산업 시스템을 갖춘 북부는 낙후된 남부에 비해 철도 및 전쟁 물자와 같은 자원이 훨씬 많은 상황이었다. 따라서 남부 자체를

▲남부 해안을 봉쇄하는 아나콘다 계획.

틀어막은 뒤 미시시피강을 장악하면 남부를 양쪽으로 쪼개 손쉽게 이길 수 있으리라 판단했다. 그리고 이 전략은 정확히 들어맞았다.

북군은 테네시와 켄터키 그리고 미시시피주에서 줄줄이 남군을 밀어내며 점령을 이어 나갔고, 남부의 허리를 끊어내기 위해 미시시피강을 장악하려고 했다. 북군은 양방향을 점령해 나가며 미시시피 남부로 향하기 시작했고, 감히 강 남부에서 치고 올라올 거라 예상하지 못했던 남부 연합은 북군의 습격으로 남부 최대의 도시 뉴올리언스를 잃어버리게 되었다. 이후 미시시피강으로 통하는 남부의 무역 루트가 원천 봉쇄당했고, 전쟁은 서서히 북부에 유리한 쪽으로 흐르기 시작했다.

◆ 노예 해방과 링컨의 죽음

1863년 7월 북군의 '미드' 장군과 남군의 '리' 장군은 게티즈버그에서 맞붙게 되는데 당시 북군은 이미 강력한 진지를 구축한 상태였고, 리의 군대 중 1/3가량은 이를 뚫기 위해 무려 1마일에 가까운 평야를 가로지르게 되었다. 그러나 사방이 탁 트여있던 평야 지대는 남군의 이동 루트가 훤히 들여다보였고, 이곳에 북군이 무자비하게 포격하여 1만 5천 명의 돌격대는 거의 전멸에 이르렀다. 더 이상 승산이 없던 리의 군대는 결국 게티즈버그에서 철수했고 이 전투를 기점으로 남부 연합은 서서히 약해지기 시작했다.

이때 링컨은 '국민의, 국민에 의한, 국민을 위한 정부'로 유명한 '게티즈버그 연설'을 하게 된다. 북부는 점점 강력해져 1864년 셔먼의 군대가 남부를 가로질러 뚫고 들어가며 조지아를 거쳐 1865년에는 사우스캐롤라이나를 반으로 쪼개버렸다.

1865년 4월에는 그랜트 장군의 군대가 링컨과 함께 남부 연합의 수도인 버지니아주 리치먼드까지 진입하게 되었다. 흑인 노예들은 링컨을 에워싸며 메시아라고 외쳤고 한 노예가 링컨 앞에 무릎 꿇었을 때 링컨은 '당신은 오직 신에게만 무릎 꿇어야 합니다. 당신이 앞으로 누리게 될 자유에 대해 신에게 감사하십시오'라고 말했다고 한다. 이후 남부 리 장군과 존스턴 장군까지 줄줄이 항복을 선언하면서 길었던 남북전쟁은 끝나게 되었다.

남부의 항복으로 노예들은 해방되었고 미국은 이로써 민주주의 국가라는 대외적인 타이틀을 완전히 내걸 수 있었다. 파괴된 기반 시설 복구과정에서 미국의 산업력은 급격히 상승했고, 미국은 세계열강 반열에 빠르게 진입하기 시작했다. 하지만 1865년 4월 15일 링컨은 56세의 나이로 사망하고 만다. 당시 링컨은 흑인 투표권을 보장하는 내용에 대해 연설했는데, 이에 분노한 남부연합을 지지하는 극단주의자 '윌크스 부스'가 극장에서 링컨을 암살한 것이었다. 이렇게 그의 목숨을 건 투쟁과 국가에 대한 헌신은 막을 내리게 되었다.

◆ 링컨과 해리스

해리스와 링컨을 비교해보면 비슷한 점이 많다. 그녀도 링컨처럼 가난한 집에서 태어났고, 법조인으로 정계에 입문했다. 또한 링컨은 홀아버지 밑에서 자랐는데, 해리스도 홀어머니 밑에서 자랐다. 둘 다 재치 있는 입담도 가졌는데 상원의원 선거에서 새밌는 일화가 있다.

상원의원 선거의 상대방이었던 더글러스 의원과 논쟁할 때 더글러스가 링컨에게 "링컨 후보는 금주령이 내려졌을 때 불법으로 술집을 운영하고 있었습니다."라고 비난했다. 그러자 링컨은 "그 당시 우리 가게 최고 단골이 더글러스였죠."라고 응수했다.

또 더글러스가 링컨에게 "링컨은 아주 교활하고 부도덕한 두 얼굴을 가진 이중인격자입니다."라고 하자, 링컨이 "여러분, 생각해보세요. 제가 두 얼굴이라면 잘생긴 얼굴을 하고 나오지 왜 이렇게 못난 얼굴을 하고 여기 나왔을까요?"라고 되받아치자 청중들이 박장대소했다고 한다.

링컨과 해리스는 두둑한 배짱을 가지고 있다는 점도 닮았다.

링컨이 젊었을 때 있었던 일이다. 링컨은 프로레슬링 챔피언을 할 정도로 힘이 엄청난 장사였다. 그런데 새로 이사한 동네의 패거리 리더였던 잭 암스트롱이 한판 붙자며 싸움이 벌어진 적이 있었다. 두 사람을 구경하던 사람들은 키 크고 깡마른 링컨 대신 덩치 큰 암스트롱에게 돈을 걸었는데 결과는 링컨의 압승이었다. 처음엔 서로 끌어안고 팽팽하게 맞서다 링컨이 암스트롱의 목을 잡고 팔을 뻗어 들어 올린 뒤 내동댕이쳤다. 그러자 그의 패거리들이 링컨에게 덤비려고 했는데 링컨은 벽을 등지고는 "전부 상대해 줄 테니 한 놈씩 덤벼봐라."라며 으름장을 놓았다. 그의 두둑한 배짱에 감동한 암스트롱은 패거리를 만류하고 악수하며 나중에 각별한 친구가 되었다. 링컨이 대통령이 된 이후 그를 백악관으로 초대하기도 했다.

링컨과 거대 은행들을 굴복시킨 해리스의 배짱은 어디서 나오는 것일까? 우리가 본능대로 살아간다면 배짱을 부릴 수 없다. 왜냐하면 생존이 위험한 상황에서 뇌는 회피하라는 명령을 내리기 때문이다. 따라서 우리는 성공에서 멀어지게 만드는 나쁜 본능을 잘 파악하고 있어야 한다. 그리고 그 본능을 거스르기 위해 투쟁해야 한다.

◆ 우리를 성공할 수 없게 만드는 본능 세 가지

우리를 성공할 수 없게 하는 본능은 크게 세 가지로 정의할 수 있다.

첫째, 과시와 허세 본능이다. 우리는 가진 것을 남들에게 과시하고 싶은 본능이 있다. 과시를 통해 남들에게 잘 보이게 되면 이성에게 호감을 사기 때문이다. 보통 사회적 지위나 외모, 재산 등을 과시하고 싶어하는데, 이로써 인정받으려는 욕구를 채우고 싶어한다. 심지어 우리가 사정을 잘 아는 사람들의 SNS를 구경하다 보면 분에 넘치는 것들로 무리하게 허세를 부리는 모습을 종종 볼 수 있다. 성공하지 못한 사람들이 오히려 자기가 가진 것보다 더 많은 것을 가진 것처럼 과대 포장하고 남들에게 자랑한다. 이미 충분히 사용할 수 있는 것을 버리고, 명품 브랜드가 붙은 최신 물건들을 사 모은다. 그래서 사람들은 끊임없이 소비한다. 하지만 대부분의 성공한 사람들은 그렇지 않다.

두 번째, 효율 본능이다. 사람은 저항이 가장 적은 길을 찾으려는 효율 본능이 있다. 이 자체가 나쁜 것은 아니다. 효율적일수록 경쟁력을 가지게 되고 생존과 번식에 유리하기 때문이다. 하지만 계속 쉬운 길만 찾아다니다 보면 습관이 되어 조금만 어려움이 와도 쉽게 포기해버린다. 인생에서 노력 없이 얻어지는 것은 많지 않다. 또한 쉽게 얻은 것은 쉽게 사라지게 마련이다. 나에게 주어진 역경과 시련을 당연한 과정으로 받아들이고, 이것이 나를 성장시킬 기회라고 생각해야 성공할 수 있다.

세 번째는 회피 본능이다. 우리는 기본적으로 힘들고 두려운 일을 회피하려는 본능이 있다. 생존에 유리한 안전지대에만 머물려고 한다. 그리고 우리의 뇌는 스트레스를 싫어한다. 공부하려고 하면 화장실에 가고 싶은 이유가 바로 이것 때문이다.

우리가 무언가 어렵고 힘든 일을 할 때 본능적으로 방어기제가 발동한다. 이것은 야생에서는 아주 좋은 생존 방식이었다. 위험하거나 스트레스를 받는 상황이 생겼을 때 피해야 생존할 확률이 높아지기 때문이다.

하지만 생명 위협에 대한 노출이 극도로 적은 현대 사회에서 회피만 해서는 절대 성공할 수 없다. 위험의 크기와 성과는 비례한다. 우리에게 다가온 위험을 회피하면서 하나도 감수하지 않으려 하면 우리는 발전할 수 없다.

◆ 우리는 왜 모든 것을 걸지 못하는가?

우리는 누구나 성공하고 싶어한다. 하지만 성공을 위해 우리의 모든 것을 걸지 못한다. 생물학적으로 인간이라는 동물은 본능의 노예이기 때문에 몇 번 시도해 보고 '나는 어차피 해도 안 돼'라는 무기력에 빠져버린다. 결국 우리는 본능에 휘둘려 눈앞에 놓인 성공의 기회를 스스로 마다하게 된다.

우리가 본능의 노예가 되지 않기 위해서는 의식적으로 본능을 거슬러 투쟁해야 한다. 과시와 허세를 줄이고, 효율성에 대해 과연 필요한 상황인지 체크해야 한다. 만약 효율성을 중시하는 것이 적합하지 않다면 멀더라도 우직하게 돌아가야 한다. 특히, 우리는 회피 본능에 사로잡힌 뇌를 제3자의 입장에서 관찰해야 한다.

지금 상황에서 우리가 피하려는 행동이 진짜 위험을 피하는 선택인지, 아니면 생존에 아무 영향도 없는데 본능 때문에 그런 것인지 살펴봐야 한다. 그리고 우리의 노력으로 본능을 극복했을 때 어떤 보상이 따르는지 생각해보아야 한다.

만약 우리의 행동이 생존에 위태로운 것도 아니고, 위험을 극복했을 때 그만한 보상이 따른다면 용기를 내어 뇌의 명령을 거슬러 행동해야 한다. 이것이 링컨과 해리스가 그들의 모든 것을 걸고 배짱을 부릴 수 있었던 이유이다. 본능을 거슬러 투쟁하라. 그러면 불가능하다고 생각했던 성공이 이루어질 것이다.

4

불가능을 현실로 만드는 용기

◆ 마술사 헨리 '박스' 브라운

링컨이 일리노이주 하원의원에 당선되고 3년 후인 1849년, 펜실베이니아주 필라델피아에 커다란 나무 상자 하나가 배송되었다. 그리고 갑자기 상자에서 한 사람이 튀어나왔다. 그는 나중에 헨리 '박스' 브라운으로 불리게 되는데 역사상 최고로 배짱 있는 흑인 노예였다.

헨리 브라운은 미국 남부 버지니아주 농장에서 노예로 태어났다. 낸시라는 흑인 노예와 결혼해 세 자녀를 두었는데 노예의 아이들은 노예라는 원칙에 따라 팔려 갈 운명이었다. 그래서 브라운은 아내와 아이들을 팔지 않는다는 조건으로 주인에게 모아놓은 돈을 전부 주었다. 하지만 그는 브라운과의 약속을 어기고 브라운의 가족을 다른 농장에 팔아버렸다. 이후로 그는 아내와 딸을 다시는 만나지 못했다.

▲ 탈출에 성공해 마술사가 된 헨리 브라운

슬픔에 싸인 브라운은 그곳에서 반드시 탈출하겠다고 결심했고, 기발한 아이디어 하나를 생각해냈다.

브라운은 동정심 많은 백인 구두장이 사무엘 스미스의 도움을 받았는데, 가로, 세로, 높이가 모두 1미터도 안 되는 상자를 만들어 그 속에 들어갔다. 그리고 스미스는 상자를 우체국으로 가져갔다. 상자 안에 갇힌 브라운은 물주머니와 비스킷 몇 개를 손에 쥐고 쥐 죽은 듯이 가만히 있었다. 그곳에서 백인들에게 발견된다면 그는 즉시 죽은 목숨이었다. 브라운은 나무 상자 하나에 자신의 모든 것을 걸었다.

"건조식품입니다. 무거우니 조심해 주세요."

우체국에 소포를 보내러 온 것처럼, 스미스는 태연하게 말했다. 그리고 우체국 직원은 아무 의심 없이 "필라델피아행이군요"라고 대꾸하고는 상자를 차에 실어 배송시켰다. 브라운은 상자 안에서 일기

장에 자기 생각을 써 내려갔다. 하지만 그것도 잠시, 상자는 뒤집히고 이리저리 굴러다녔다. 길고 힘겨웠던 스물여섯 시간이 지난 뒤에 상자는 마침내 필라델피아에 도착했다. 그리고 노예제 폐지론자들에게 배달되었다.

"안녕하세요, 여러분? 드디어 제가 왔습니다!"

브라운의 위험천만한 계획은 성공했다. 그가 자유의 몸이 되었다는 소문은 빠르게 퍼져나갔고 그에게는 '박스'라는 미들네임이 붙었다. 브라운은 보스턴 서커스단에 들어가 자기 경험담을 말해 주면서 큰돈을 벌었다. 1850년에는 도망노예법이 만들어졌는데, 현상금 사냥꾼들이 도망간 노예들을 쫓을 수 있게 하는 법이었다. 헨리는 현상금 사냥꾼들을 피해 영국으로 갔고 런던에서 유명한 마술사가 되었다. 그의 용기와 배짱이 불가능을 현실로 만든 것이다.

◆ 배짱과 자신감

어렸을 적 할머니는 나에게 항상 사람은 배짱이 두둑해야 한다고 하셨다. 어렸을 때는 그 말이 무슨 말인지 몰랐는데, 지금 와서 생각해 보면 인생에서 성공하기 위한 아주 중요한 가르침이었다.

배짱의 사전적 의미를 살펴보면 '겁내거나 굽히지 않고 자기가 뜻하는 대로 이루려고 하는 생각이나 태도'를 말한다. 즉, 배짱은 겁내거나 굽히지 않는 용기와 아주 밀접한 관계가 있다. 그런데 용기는 자기가 무언가를 할 수 있다는 믿음에서 나온다. 결국 배짱을 키운다는 것은 자신감을 키우는 것이다. 그런데 주변에 자신감 있는 사람들을 보면 자기 주관이 뚜렷하다. 자기 주관은 자기 자신과 인생에 대해 많은 생각과 깊은 고민, 그리고 통찰에서 비롯된다.

자기 능력과 자신감의 관계를 나타내는 '더닝 크루거 효과'라는 것이 있다. 코넬 대학교 사회심리학 교수 데이비드 더닝과 그 제자 저스틴 크루거가 학부생들을 대상으로 한 실험 결과에 기반하여 제안한 이론이다.

아는 게 없으면 용감하다는 말을 실험적으로 보여주는 이 이론은 능력이 부족한 사람은 자기 능력을 과대평가하고, 능력이 뛰어난 사람은 자기 능력을 과소평가한다고 말한다. 여기서 안타까운 점은 능력이 뛰어난 사람이 자기 능력을 과소평가한다는 사실이다. 따라서 우리는 자신이 실력이 있다고 생각한다면 자신을 뛰어나다고 평가할 수 있어야 한다.

◆ 주관을 가지고 모든 것을 걸어라

김승호 회장은 그의 책 『김밥 파는 CEO』에서 "배짱은 가슴속에 있는 것이 아니라 가슴 근육 속에 들어있었다."라고 했다. 힘들고 어려운 상황에서 생각을 추스르고 법원과 빚쟁이와 상대하며, 주위의 동정과 비난을 버텨내기 위해서는 첫째로 건강해야 한다는 얘기다.

실제로 운동을 꾸준히 하는 사람은 자신감이 48% 더 높으며, 역으로 자신감을 가진 사람이 더 건강하다는 연구 결과가 있다. 그래서 성공학 도서에 빠지지 않고 단골로 나오는 말이 '운동하라'는 것이다. 링컨도 운동을 많이 해서 힘도 세고 배짱도 두둑하지 않았을까?

우리는 인생을 살아가면서 많은 난관을 만난다. 문제를 만나면 어떤 사람은 난관을 회피하지만, 어떤 사람은 난관을 해결한다. 두 사람은 무슨 차이가 있을까? 여러 가지 차이점이 있겠지만, 난관을 해결하는 사람들의 특징은 주관이 뚜렷하다는 것이다. 강한 주관을 앞세워 담대하게 밀고 나가기 때문에, 난관을 해결할 수 있는 것이다. 그래서 주관을 갖는 것은 소중한 보석을 몸에 지닌 것과 같다.

해리스가 위험을 무릅쓰고 은행들과 상대하기로 결심한 것도 가진 자들의 횡포에 맞서야 한다는 그녀만의 철학이 있었기 때문이다. 링컨이 노예를 해방하고 조국에 자신의 모든 것을 걸 수 있었던 이유도 수많은 고민과 자기 통찰이 있었기 때문이다.

주관이 명확한 사람은 자신감이 넘치고 배짱이 두둑하다. 또한 배짱이 있다면 성공에 모든 것을 걸 수 있다. 그러기 위해 우리는 먼저 실수를 두려워하지 않는 용기와 본능을 거스르는 용기가 있어야 한다. 우리가 가진 용기는 흑인 마술사 헨리 '박스' 브라운처럼 불가능을 현실로 만들 수 있기 때문이다.

해리스의 성공 법칙 4 : 본능을 거슬러 두려움 없는 배짱을 가져라!

5장

해리스와 사람들

1

해리스는 어떤 사람인가?

◆ 오관참육장

나는 소설 '삼국지'에 나오는 영웅호걸 중 관우를 제일 좋아한다. 그는 중국인들에게 무와 충, 의리와 재물의 화신으로 추앙받는데, 청나라에 이르러서는 황제를 넘어 신으로까지 추존되어 공자와 함께 국가적으로 제사를 지내기 시작했다.

그를 모시는 관제묘도 중국뿐 아니라 대만, 홍콩, 일본에 세워졌다. 우리나라도 조선 선조 때 서울에 관우의 묘를 만들었는데 다름 아닌 동묘이다.

삼국지에서 유비와 관우, 장비가 의기투합하여 조조와 싸우게 되는데 서주에서 대패하여 유비는 원소 밑으로 도망가고 관우는 조조에게 사로잡히게 된다. 조조는 관우의 진가를 알아보고 그의 마음을

▲ 청룡언월도를 든 관우

돌리기 위해 포로가 아닌 귀한 손님처럼 호의를 베풀었다. 하지만 관우는 조조에게 항복할 때 세 가지 조건을 걸었는데 첫째, 자신은 조조가 아닌 한나라 황제에게 항복하는 것이고, 둘째, 자신이 모시고 있는 유비의 부인들에 대한 안전을 보장해 줄 것이고, 셋째, 유비가 있는 곳을 알면 언제든지 떠나겠다는 것이었다.

결국 관우는 유비가 원소 밑에 있다는 것을 알아내고 부인들과 함께 유비를 찾아 떠난다. 조조는 관우가 떠날 수 없게 일부러 작별 인사를 받지 않지만, 그는 조조에게 편지를 써 두고 통행증 없이 천리길을 떠나게 된다. 이때 관우는 다섯 개의 관문을 지나며 그를 막아서는 여섯 명의 장수를 베는데 이를 '오관참육장'(五關斬六將)이라 한다.

오관참육장의 이야기에서도 볼 수 있듯이 관우가 가진 성품 중 가장 존경스러운 부분이 바로 의리이다. 삼국지의 저자인 나관중의 꾸밈이 들어가 있다고는 하지만 관우가 의리 있는 사람인 것은 삼국지 정사에도 나오는 사실이다. 조조가 아무리 호의를 베풀고, 장수라면 목숨도 걸 만한 적토마를 선물로 받았지만, 관우는 한번 맺은 유비와의 신의를 끝까지 저버리지 않았다. 관우는 조조를 떠나면서 "조(曹)공께서 저를 후하게 대해 주셨음을 잘 알고 있습니다. 그러나 저는 유비 장군에게 깊은 은혜를 받았기에 그를 배신할 수 없습니다."라고 했다. 얼마나 멋있는 사람인가? 그래서 나는 관우 같은 사람이 성공하기를 응원한다.

◆ 세상에는 두 종류의 사람이 있다

세상에는 두 종류의 사람이 있다. 하나는 실리를 추구하는 사람이고, 또 하나는 의리를 추구하는 사람이다. 관우가 만약 실리를 추구하는 사람이었다면 조조의 수하로 남아 좋은 대접을 받고 많은 공을 세웠을 것이다. 당신이라면 어떻게 했겠는가? 당신에게는 실리가 더 중요한가 아니면 의리가 더 중요한가?

소설 삼국지에는 관우와 대비되는 인물이 하나 있다. 그도 관우처럼 용맹하고 뛰어난 장수지만 실리를 추구한 사람이다. 바로 여포다. 그는 처음에 지방관리였던 정원 밑에 있다가 동탁 꼬임에 넘어가 정원을 죽이고 동탁의 양아들이 된다. 황제를 등에 업은 동탁의 폭정이 심해지고 여포에게도 함부로 대하자 반동탁 세력은 여포를 회유하게 된다. 이에 여포는 "조서를 받들어 역적 동탁을 치노라!"라며 동탁을 창으로 찔러 죽인다. 동탁은 죽기 전에 "개 같은 놈, 네가 어떻게 이럴 수가 있느냐!"라고 여포를 욕했다고 한다. 이후 여포는 원술과 연합하여 유비의 서주성을 차지했다. 그러자 조조가 유비와 함께 다시 서주성을 빼앗는데, 이때 여포는 조조에게 잡혀 교수형을 당한다.

인중여포 마중적토(人中呂布 馬中赤兎)라 했다. '사람 중에는 여포가 으뜸이고 말 중에는 적토마가 으뜸이다'라는 뜻이다. 그만큼 여포는 뛰어난 인물이었다. 하지만 지략이 없고 거동이 가벼워 뛰어난 무예와 용맹에도 대업을 이루지 못했다. 그리고 배신자라는 오명을 뒤집어쓰고 아쉽게 생을 마감했다. 사람들은 여포가 배신의 아이콘이라고 하지만 내가 볼 때 그가 최선을 다해 실리를 추구했다고 본다. 그는 의리와 실리 중 실리가 중요했던 인물이다.

◆ 해리스의 의리

2024년 미국 대선에서 맞붙은 트럼프와 해리스를 보면 실리를 추구한 여포와 의리를 추구한 관우를 보는 느낌이다.

트럼프는 자신에게 이득이 되면 누구든 상관없이 손을 잡는다. 이번 대선 때에도 일론 머스크와 손을 잡았고, 로버트 케네디 주니어의 지지를 환영했다. 일론 머스크에게는 자신이 대통령으로 당선된다면 정부효율위원회의 위원장을 맡길 것이라고도 하였다. 또한 케네디에게는 대통령 인수위원회 핵심 직책을 맡기겠다고 했다. 8월에는 테일러 스위프트 팬들이 자신을 지지하는 AI로 만든 사진에 열광하는 모습을 보이다가, 막상 9월에 있었던 TV 토론 이후 스위프트가 해리스를 지지하자 '나는 테일러 스위프트의 팬이 아니었다'라며 '난 테일러 스위프트가 정말 싫다(I HATE TAYLOR SWIFT)'라고 SNS에 공개적으로 반감을 드러냈다.

반면 해리스는 의리를 중시한다. 트럼프가 항상 공격하는 부분인 아프가니스탄 철군 등 바이든 대통령의 실책이 그녀의 선거운동에 약

점이 될 수도 있었지만, 그녀는 민주당 전당대회에서 바이든 대통령을 포옹하며 해리스는 "우리의 엄청난 조 바이든 대통령을 기리면서 행사를 시작하고 싶다. 우리는 당신에게 영원히 감사할 것"이라고 했다. 또한 그녀의 선거캠프에는 바이든 대통령의 선거운동을 이끌었던 '젠 오말리 딜런'이 계속 해리스의 선거운동을 맡기로 했고, '줄리 차베스 로드리게스' 선대 위원장도 해리스 캠프에 그대로 남았다.

◆ 햇병아리 해리스와 파인스타인

해리스의 의리를 보여주는 또 하나의 사례가 있다. 2016년 11월 캘리포니아주 상원의원에 당선된 해리스는 자신의 선거공약을 실현할 수 있다는 기대에 들떠 있으면서도 긴장하고 있었다. 왜냐하면 먼저 들어온 연장자를 존중하는 연공서열과 위원들간 연대가 중요한 상원에서 아주 까다로운 선임이 있었기 때문이었다. 같은 캘리포니아주 선임 상원의원이었던 '다이앤 파인스타인'이 그 주인공이었다.

해리스와 그녀의 만남은 2004년으로 거슬러 올라가는데, 당시 캘리포니아 지방 검사장이었던 그녀는 사형제도에 대해 반대하고 있었다. 그래서 당시 경찰을 무참히 살해한 충격적인 사건의 범인에 대해 그녀는 사형을 구형하지 않겠다고 선언했다.

그러자 파인스타인 상원의원은 공개적으로 그녀를 비판했다. 그리고 사형제도에 반대하는 줄 알았다면 지방 검사장을 뽑는 선거에서 그녀를 지지하지 않았을 거라며 꼬집어 얘기했다. 하지만 2016년 국회의사당에서 선임으로 다시 만난 그녀에게 해리스는 공손하면서도 자기 주관을 잃지 않은 모습을 보여줘야 했다.

파인스타인은 1992년에 처음 캘리포니아주 상원의원이 되었고 그때까지 네 번을 연임(미국 상원의원 임기는 6년이다)한 민주당 상원의 거물이었다. 그녀는 권력자였고 이제 막 상원에 들어온 해리스를 도울지 아니면 돕지 않을지는 그녀의 선택이었다. 하지만 파인스타인은 놀랍게도 햇병아리 상원의원이었던 해리스의 친절한 파트너가 되어주었다.

그녀는 시간 관리 등 상원의원으로서 필요한 여러 가지 조언을 해주었고, 해리스가 어떤 직원을 채용할지 난감할 때도 도움을 주었다. 심지어 본인의 직원에게 해리스를 도와주라고 의원실로 직접 보내기도 했다. 이렇게 본인이 어려울 때 많은 도움을 받은 해리스는 나중에 파인스타인에게 의리를 지켰다.

시간이 흘러 2018년이 되었고, 파인스타인이 85세의 나이로 또 한 번 임기에 도전하겠다고 했다. 하지만 그녀의 SNS 팔로워는 7천여 명에 불과했다. 당시 상원의원이 된 지 2년도 안 된 해리스의 팔로워가 690만 명이었던 것에 비해 너무나 초라했다.

캘리포니아주 민주당 당원들과 워싱턴의 민주당 의원들은 나이 많은 파인스타인이 이제 의원직에서 내려오기를 바랐다. 분위기상 그녀는 이제 쉴 때가 되었고, 그녀가 더 연임하는 것은 민주당 차원에서 별 도움이 되지 않았다. 하지만 그녀는 상원의원으로서 자신이 아직도 할 일이 많다고 생각했다. 그러자 해리스가 나섰다.

파인스타인이 SNS를 통해 상원의원에 다시 도전하겠다고 발표하고 몇 분만에 해리스는 자신의 지지자들에게 메일을 보냈다. 해리스는 "내가 상원에 입성한 후, 도널드 트럼프의 급진적 의제를 저지하기 위한 싸움을 벌이면서 다이앤보다 더 나은 동맹은 별로 없었습니다.

그녀는 모든 중요한 싸움에서 우리와 함께 있습니다."라고 했다. 그리고 본인의 지지자들에게 파인스타인의 선거운동에 기부해 달라는 후원금 모금을 요청했다.

해리스는 관우처럼 의리를 저버리지 않는 사람이었다. 그녀는 파인스타인에게 많은 은혜를 받았기에 배신할 수 없었다. 그리고 파인스타인은 2018년 11월에 또다시 상원의원에 당선되었다.

2

그녀는 어떻게 미국 최초의 흑인 여성 부통령이 되었는가?

◆ 출생증명서

미국에서 다른 공직자와는 달리 대통령과 부통령은 태생적 미국 시민권자에게만 자격이 주어진다. 그래서 한때 트럼프는 오바마 대통령에게 출생증명서를 보이라며 계속 괴롭혔다. 오바마 대통령은 '이런 멍청한 짓을 할 시간이 없어요. 더 중요한 일에 힘을 쏟아야 합니다'라며 무시했지만, 결국 하와이주 정부를 통해 자신의 출생증명서를 언론에 공개할 수밖에 없었다. 그리고 오바마는 대통령으로서 언론인들을 초청한 마지막 공식 석상이었던 '백악관 기자단 만찬'에서 하와이주에서 발행한 자신의 출생증명서를 화면에 띄우며 말했다.

"도널드 트럼프가 오늘 밤 여기 왔습니다! 지금 이 문제를 해결해 누구보다 기쁜 사람은 도널드겠죠. 그 이유는 드디어 도널드도 중요한 문제에 집중할 수 있을 테니까요. 달착륙은 조작이었나? 로즈웰에선 무슨 일이 있었나? 비기와 투팍은 어디에 있을까? 이런 문제들이요.”

오바마의 유머는 대통령급이었다. 로즈웰은 외계인들을 실험하고 있다는 음모론으로 유명한 미 공군기지였고, 90년대 천재 래퍼였던 비기와 투팍의 죽음은 아직 미스터리로 남아 있는 사건이다. 기자들을 포함해 그 자리에 있던 사람들은 폭소를 터뜨렸고, 같이 참석했던 트럼프는 한마디도 없이 일찍 자리를 떠났다.

◆ 유리 천장 깨부수기

해리스는 이민자의 딸에서 미국 상원 두 번째 흑인 여성이자 최초의 인도계 여성의원이 되었으며, 더 나아가 미국 최초의 흑인 여성 부통령이 되었다. 그녀는 어떻게 유리 천장을 깨부수고 부통령이 될 수 있었을까?

2017년 1월 이제 막 상원의원이 된 해리스는 1960년대 시민권을 위해 행진했던 어머니를 생각하며 백악관 시위대에 합류했다. 트럼프 대통령은 주요 이슬람 국가에 대한 여행을 금지하는 행정명령을 내렸는데, 이는 시민들의 자유를 국가가 제한하는 명백한 침해 행위였다. 해리스는 그 행정명령에 대한 반대 시위에 참여했다.

그날 밤 해리스는 트럼프 행정부의 핵심 참모인 ‘존 켈리’ 국토안보부 장관의 집에 전화를 걸었다. 그녀는 우려를 표명하면서 트럼프 행정부의 세부 계획에 관해 물었다. 존 켈리 장관은 미 해병에서 사령관까지 지낸 장성급 장군 출신으로 트럼프 대통령이 ‘나의 장군’이라고 부르는 인물이었다. 트럼프 행정부에서는 국토안보부 장관에서 비서실장까지 올라갔지만, 나중에 트럼프 대통령과의 갈등으로 2019년 1월 퇴임하였다. 이후 LA타임스와의 인터뷰에서 "트럼프와 일하는 것은 뼈가 으스러질 정도로 힘든 일이었습니다. 군인은 도망가지 않는다는 신념으로 버텼죠."라고 했다.

늦은 밤 해리스의 전화를 받은 국토안보부 장관 켈리는 "이런 일로 왜 집에까지 전화를 거시는 겁니까?"라며 다시 걸겠다고 하고 전화를 끊어버렸다. 그 이후 켈리는 해리스에게 다시 전화하지 않았다. 그리고 그녀는 유리 천장을 깨부술 준비를 하기 시작했다.

◆ 해리스의 먹잇감들

이후 트럼프 행정부는 새로 들어온 이민자들을 가두는 또 다른 행정명령을 내렸는데, 이를 어기는 미국 도시에 대해서는 테러 지원 자금을 삭감하겠다고 위협했다. 그리고 이에 대한 청문회가 열렸는데 그 자리에 마침 존 켈리 장관이 답변하고 있었다.

이에 해리스는 속사포처럼 질문을 던지고, 켈리 장관의 답변이 길어지면 말을 끊어버렸다. 켈리는 "한 번이라도 좀 말을 끝내게 해주시겠어요?"라며 화를 냈고, 해리스는 "뭐라고요? 전 질문하고 있어요."라며 그의 입을 틀어막았다. 이후에도 해리스는 그해 6월 법무부 차관 '로드 로즌스타인'이 상원 정보위원회에 나왔을 때, 청문회장에서 그를 꽁꽁 묶어버렸다.

당시 트럼프가 당선되었던 대통령 선거에서 트럼프 측 선거캠프와 러시아와의 관계에 의혹이 제기되었고, 법무부에서는 수사를 총괄

할 인물로 '로버트 뮬러'를 특별검사로 임명했다. 트럼프 대통령은 이 사건 때문에 로즌스타인이 있는 법무부와 대립 중이었다. 그래서 해리스는 로즌스타인이 백악관의 간섭이나 보복에 대항하기 위해 뮬러를 내세웠다는 것을 말하게 하고 싶었다. 즉, 그녀는 트럼프의 백악관이 법무부에 부당하게 간섭하고 수사를 방해하려 했다는 것을 세상에 알리고 싶었다.

그녀는 손에 펜을 들고 로즌스타인에게 단답형으로 대답하라고 추궁했다. 이에 그는 이 일은 매우 복잡해서 긴 설명으로만 답변할 수 있다고 했다. 그러자 해리스는 "'예', 또는 '아니요'로만 답변해 주시겠어요? 당신은 할 수 있습니다. 그럴 마음이 있느냐 없느냐에 달려있죠."라며 회의장에 있는 사람들과 생방송으로 시청하고 있는 수백만 명의 시민들에게 강렬한 인상을 남겼다.

나이 든 백인 남성 의원들은 위원회의 유일한 흑인 여성이었던 해리스에게 조용히 하라고 다그쳤고, 공화당의 '리처드 버' 정보위원장은 "나는 해리스가 로즌스타인에게 베풀지 않았던 예의를 베풀겠습니다."라면서 해리스의 말을 끊었다. 이후 몇 시간 만에 해리스와 그녀의 보좌진은 리처드 버 위원장의 행동을 비꼬는 '이것이 그녀의 용기이다'라는 의미의 '예의가 아니라 용기'(Courage Not Courtesy)라는 문구와 함께 밈으로 만들었고, 이 사건을 SNS로 퍼뜨렸다. 그리고 티셔츠나 스티커와 같은 상품으로 만들어 팔았는데, 이를 통해 해리스는 점점 유명해졌고 나중에는 미국 정치계의 스타가 되었다.

이후 그녀는 존 켈리, 로드 로즌스타인, 제프 세션스 등 트럼프 행정부 고위 관리들만 골라서 집중적으로 추궁했는데, 날카로운 그녀에게 그들은 먹잇감에 불과했다. 그녀는 햇병아리에서 벗어나 사냥감을 쫓는 매가 되어 있었다.

◆ 해리스가 사용한 트럼프의 기술

당시 백악관의 주인은 트럼프 대통령이었다. 그는 임기 동안 백악관의 정치를 대통령 선거 운동할 때와 비슷한 방식으로 끌어나갔다. 그는 대통령 선거에 나가기 바로 전 취업 인터뷰를 주제로 하는 예능 프로그램인 '어프렌티스'(Apprentice)에서 사회자 역할을 맡았다. NBC방송의 이 리얼리티 쇼는 15시즌까지 생길 만큼 미국 시청자들에게 재미있는 캐릭터와 줄거리를 선보였다. 이 쇼는 매회 마지막에 트럼프가 나와 'You are fired!'라며 탈락시키는 부분이 하이라이트였다. 그리고 실제로 행정부 직원 중 대다수가 해고되었다. 매티스 국방장관, 틸러슨 국무장관, 존 켈리 비서실장이 그랬다.

해리스는 그녀가 의도했든 의도하지 않았든 트럼프의 기술로 정치할 수 있는 유일한 민주당 상원의원이었다. 그렇다고 트럼프처럼 'Fired'를 외쳤다는 것이 아니다. 그녀는 자신만의 메시지를 꺼내고, 이야기의 전개를 바꿔 가면서 스포트라이트를 받았다. 그리고 그것은 트럼프가 주로 사용했던 방식이었다. 정치계에서 노골적인 자기 선전은 눈살을 찌푸리게 했지만, 트럼프는 이를 이용해 대통령 선거에서 힐러리 클린턴을 이길 수 있었다. 그리고 이제는 트럼프의 무기를 해리스가 이용해 미국 정계에 우뚝 올라섰다.

그녀는 대중이 식별하기 쉽고 친근한 캐릭터를 점차 구축해 나갔다. '코코넛 트리', 'brat', '예의가 아니라 용기'도 그녀의 스타일을 보여주는 대표적인 사례이다. 간결하고 효과적인 문구, 유행을 선도하는 인터넷 밈, 눈길을 끄는 머리기사로 해리스는 정치계의 떠오르는 별이 되었다. 특히 그녀는 트럼프 행정부와 공화당에 저항하는 민주당의 대표적인 얼굴이자 상징이 되었다. 또한 기자들이 해리스가 트럼프와 그 행정부를 상대로 다윗과 골리앗의 싸움을 벌이는 듯한 이미지를 만들어주면서 그녀는 미국 정치의 중심인 워싱턴의 스타로 발돋움해 나갔다.

◆ 바이든이 선택한 여자

트럼프 행정부에서 법무부 장관이 된 '제프 세션스'도 해리스의 사정권을 벗어나지는 못했다. 그는 법무부 장관임에도 트럼프-러시아 수사에 손댈 수 없었는데, 그가 2016년 대선 당시 트럼프 선거 전략팀의 자문 위원장이었기 때문이다.

2017년 6월 청문회를 하기 전부터 민주당 유권자들은 해리스에게 '세션스를 몰아붙이는 모습을 보고 싶다'라며 SNS를 보냈다. 청문회가 열리자 해리스는 그를 집중적으로 추궁했다. 하지만 그는 '기억이 나지 않습니다.'라며 회피로 일관했다. 그녀는 포기하지 않고 세션스가 클리블랜드에서 2016년 공화당 전당대회에서 러시아 재계 지도자나 정보요원을 만났는지 집요하게 몰아붙였다.

그러자 뻣뻣하고 강경했던 법무부 장관은 "이렇게 빠르게 몰아치면 저는 말 못해요. 긴장하게 된다고요."라며 더듬거렸다. 청문회가 끝나고 오래된 정치인들, 특히 나이 든 남자들은 해리스의 대담함과 끝까지 물고 늘어지는 집념을 껄끄러워했다. 하지만 이 청문회 이후 해리스의 인기는 점점 올라갔다.

해리스는 2018년부터 대선 출마를 고민하다가 한번 도전해 보기로 결심하고, 2019년 마틴 루터 킹 목사의 기념일인 1월 21일 ABC 방송국의 '굿모닝 아메리카'에 출연해 대선 출마를 선언했다. 하지만 정치에 입문한 지 2년 만에 대선 출마를 발표한 그녀의 선택은 너무 조급한 판단이었다.

그녀의 상대인 바이든 후보는 상원의원 6선에 이어 오바마 대통령 때 8년 동안 부통령을 지냈다. 40년을 넘는 오랜 기간 정계에서 뼈가 굵은 바이든을 상대로 민주당 경선에서 이기기에 그녀는 아직 역부족이었다. 좀 더 신중했어야 했지만 이미 선택한 일이었고, 그해 12월 그녀는 중도 하차했다. 하지만 그녀에게도 다시 기회가 돌아왔다.

▲ 바이든이 선택한 해리스

바이든은 이미 해리스를 부통령 후보로 선택했지만 최종 결정은 비밀에 부쳤다. 그리고 2020년 8월 11일, 그녀에게 전화를 걸어 "일할 준비 됐나요?"라고 물었다. 그렇게 해리스는 그의 러닝메이트이자 부통령 후보로 지명되었고 바이든이 트럼프를 이기고 대통령에 당선되면서 그녀도 부통령이 되었다.

그녀가 부통령이 될 수 있었던 이유는 앞에서 언급했던 그녀의 존재감도 있었지만 타이밍도 적절했다. 일반적으로 해리스처럼 지나친 자신감과 비타협적인 행보는 극도로 경쟁적인 미국 상원에서 다른 민주당 의원들에게 큰 위협일 수도 있었다.

하지만 서로에 대한 위협보다 트럼프 행정부가 그들에게 더 큰 위협이 되는 상황에서 민주당 의원들은 서로 협력하기를 원했다. 그래서 해리스는 특별한 유대감을 가진 조력자로 생각되었다. 외부의 더 큰 적이 그들을 뭉치게 했다. 어떻게 보면 트럼프 덕분에 해리스가 미국 최초의 흑인 여성 부통령이 될 수 있었던 것이다.

3

해리스의 사람들

◆ 카멀라의 의미

'카멀라(Kamala)'는 산스크리트어로 '연꽃'이란 뜻으로 연꽃 위에 앉아있는 힌두교 여신인 락슈미를 말하기도 한다. '락슈미'는 행운과 부의 여신으로 힌두교에서 가장 인기가 많은데, 아름다움과 매력, 용기를 관장하는 화신이기도 하다. 이 이름은 해리스에게 어머니 샤말라가 지어 준 이름이라고 한다.

샤말라는 2004년 LA타임즈와의 인터뷰에서 딸에게 인도 신화 속 여신의 이름을 지어준 것은 그녀가 강한 여성으로 크길 원해서였다고 했다. 실제로 해리스는 강하고 매력적인 여성으로 자랐다. 하지만 그녀의 경력을 막 쌓기 시작한 시기에 의도치 않게 유력 정치인과 엮이게 되었고 이는 그녀가 숨기고 싶은 과거로 남았다.

◆ 숨기고 싶은 과거

해리스가 캘리포니아주 검사였던 서른 살 때 재능있는 정치인이었던 캘리포니아주 국회의장 윌리 브라운이 그녀의 삶에 끼어들었다. 그녀는 브라운과 1994년부터 사귀었다가 1995년 그가 흑인 최초로 샌프란시스코 시장에 당선되었을 때 이목이 쏠리자 공식적으로 헤어졌다. 하지만 윌리 브라운은 부인과의 관계가 좋지 않아 둘의 관계는 이후에도 지속되었다.

안 좋게 말하자면 해리스는 내연남 브라운의 연줄로 정계에서 손쉽게 여러 좋은 경력을 쌓으며 성공한 정치인이 될 수 있었다. 이런 사실들은 해리스의 가장 치명적인 치부로 작용하고 있다. 실제로 2020년 대선 당시 민주당 당내 경선 때 이 일로 홍역을 치른 바 있다. 상대편 후보로부터 '윌리의 매춘부'라는 인신공격을 당했고, 공화당 후보였던 도널드 트럼프까지 이를 트집 잡았다.

살면서 잘못하지 않는 사람은 없다. 그녀는 자기 잘못을 잘 알고 있었다. 그리고 누구도 혼자 성공하는 사람은 없다. 당시 윌리 브라운은 캘리포니아의 거물 정치인이었고, 자기 영향력을 이용해 정치 멘토링과 후원을 해주며 해리스의 앞길을 열어주었다. 이후 그녀는 그녀만의 길을 나아갔고 2014년에 이미 두 명의 자녀를 가진 '더그 엠호프'와 결혼했다.

◆ 누군가를 사랑하기 전에 필요한 것

자식들이 있는 이혼남 또는 이혼녀와 결혼할 수 있는 미혼 남녀는 얼마나 될까? 그리고 내가 낳은 아이가 아닌데 사랑하는 마음이

들까? 많은 사람은 나이가 들어 결혼하게 되면 그 사람을 보기보단 조건을 먼저 보게 된다. 특히 스스로 성공하지 못한 사람들은 더 그렇다. 왜냐하면 상대방에게 경제적으로, 정신적으로 의존해야 하는 상황이 많기 때문이다.

하지만 성공한 사람들은 다르다. 그들에게 인생은 생존해야 하는 치열한 전쟁터라기보다 여유롭게 즐길 수 있는 여행이다. 요즘엔 결혼하지 않고 평생 혼자 사는 사람들도 있다. 굳이 타인과 불편하게 같이 살 이유가 없기 때문이다. 그래서 성공한 사람이 결혼할 때는 그만한 이유가 있다.

해리스는 마흔여덟 살까지 미혼이었다. 그때까지 그녀는 지방 검사장과 법무부 장관을 거치면서 '형사 사법 제도'를 개혁하기 위해 노력했다. 이민자의 딸로서 '아메리칸드림'을 이뤘지만 마음속에는 성공과는 다른 무언가가 필요했다.

그녀의 30년 친구 크리셋 허들린은 2013년 해리스에게 꼭 맞는 사람을 찾았다. 로펌에서 일하는 '더그 엠호프'라는 변호사였는데 고등학생과 중학생 자녀가 있는 이혼남이었다. 하지만 그는 베너블 LPP라는 로스엔젤레스에서 잘나가는 국제 로펌의 공동 경영자였다. 사실 해리스와 더그는 미국 대도시에 살면서 부족할 게 없는 사람들이었다.

성공한 그들에게 사생활은 매우 중요한 부분이었다. 특히 공인이었던 해리스에게는 더더욱 비밀 유지가 중요했다. 그들은 비밀연애를 했고 더그의 청혼을 받아들인 해리스는 2014년 8월 22일 남부 캘리포니아주 샌타바버라 카운티 법원에서 비공개 결혼식을 올렸다.

해리스의 자서전을 보면 더그의 자녀들을 친자식처럼 대한다. 그리고 엄마가 아직 공동양육 중인 더그의 아이들도 그녀를 '마멀라'(Momala)라고 부르며 친엄마처럼 따른다.

◆ 그녀의 선택은 팀 월즈

미네소타 주지사 팀 월즈는 바이든이 대통령 후보를 사퇴하고 이틀 후인 7월 23일, 아침 뉴스에 출연해 트럼프와 벤스를 이상하다고 했다. 그는 자연스럽게 "이 사람들은 그냥 이상해요.(These guys are weird)"라고 했고 이 한마디는 SNS를 통해 급속도로 퍼져나갔다. 그리고 그는 해리스의 러닝메이트로 선택되었다. 부통령 후보는 보통 차기 대선 주자로 생각된다. 그만큼 중요한 자리에 그는 어떻게 해리스의 선택을 받았을까?

대통령 후보를 사퇴한 바이든 대통령은 해리스를 지지한다고 선언했고, 그녀는 바이든 선거캠프의 인프라와 직원, 그리고 선거 자금까지 물려받았다. 하지만 러닝메이트를 고르는 일은 쉬운 것이 아니었다. 심지어 2주 전까지는 본인이 대통령 후보의 러닝메이트였다.

그녀는 즉시 예전부터 알고 지내던 전 법무부 장관 '에릭 홀더'와 바이든의 법률 고문이었던 '데이나 레무스'를 데리고 팀을 구성했고, 그녀에게 가장 적합한 러닝메이트를 뽑는 미션을 부여했다. 2008년 오바마 대통령이 바이든 부통령을 선택했듯이, 그녀도 백인 러닝메이트가 필요했다.

노스캐롤라이나의 로이 쿠퍼, 켄터키의 앤디 베샤, 펜실베이니아의 조쉬 샤피로가 물망에 올랐는데 이후 일리노이주 프리츠커, 애리

조나의 마크 켈리, 미네소타주의 팀 월즈가 합류했다. 가장 유력했던 샤피로는 열아홉 개의 선거인단을 보유한 펜실베이니아 주지사였으며 해리스를 20년 동안 알고 지냈다고 공개적으로 인터뷰했다.

이에 질세라 쿠퍼도 해리스와 근무했던 경력과 함께 트럼프가 두 번이나 이겼던 노스캐롤라이나주 주지사임을 강조했다. 켈리 애리조나 상원의원은 공화당의 강점이었던 곳에서 두 번의 접전에서 승리했고, 인상적인 군 경력과 우주인으로서의 시간, 국경 주에서 이민 문제를 다룬 경험, 국경 보안관들과 좋은 관계를 맺고 있는 것 등이 그에게 매우 유리한 상황을 만들어주었다.

미네소타 주지사였던 팀 월즈는 해리스가 선택할 수 있었던 러닝메이트 카드 중에 그리 돋보이지 않았다. 그런 그가 몇 주 전에 했던 발언이 갑자기 주목받기 시작했다. 나중에 부통령 후보를 팀 월즈로 선택하고 나서 해리스가 애틀랜타 연설 무대에 올랐을 때, 그녀는 월즈의 "이상한" 잽에 정확히 타이밍을 맞춰서 거의 만 명의 지지자들에게 함성을 끌어냈다. 그때 월즈는 슬로건 메이커로 인정받음과 동시에, 진정한 부통령 후보로 인정받았다.

해리스는 세 명의 최종 부통령 후보자로 샤피로, 켈리, 월즈를 뽑았고, 워싱턴 D.C의 해군 천문대 내 부통령 관저에 초대하여 직접 인터뷰를 진행했다. 인터뷰에서 그녀는 월즈와 함께했을 때 제일 돋보였다. 해리스는 또한 월즈의 하원의원과 주지사로서의 기록과 정치 이전에 육군방위군 부사관, 공립학교 교사, 고등학교 미식축구 코치라는 그의 이력에 깊은 인상을 받았다.

두 정치인은 그렇게 잘 어울렸다. 켈리는 경쟁에서 제일 먼저 멀어졌다. 의회에서 통과되지 않은 노동법에 대한 그의 의견은 해리스와 충돌했다. 또한 샤피로는 인터뷰 후 해리스의 팀에 그녀의 러닝메이트가 될 가능성이 희박하며, 다른 할 일이 더 많다고 생각한다며 멀리서 그녀를 지지하겠다고 했다.

인터뷰가 끝나고 팀원들과의 회의를 통해 해리스는 월즈에게 확실히 마음이 가고 있었다. 해리스가 자신의 선택 사항을 계속 숙고하는 동안, 그녀의 팀원들은 여러 시나리오에 대비하고 있었다. 하지만 해리스는 다음 날 아침에도 똑같은 감정을 느꼈다. 그녀는 월즈와 함께 위대한 대장정에 나설 것이 확실했다.

해리스는 마침내 결정했고, 샤피로를 포함한 결승 진출자들에게 전화를 걸어 다른 방향으로 가기로 했다고 알렸다. 그녀에게는 앞에서 스포트라이트를 받을 사람이 아니라 해리스를 빛내줄 조연이 필요했다.

다음 날 월즈는 전화를 받을 준비가 되어 있지 않았다. 해리스가 처음 월즈에게 전화했을 때, 그는 '발신자 표시제한' 번호로 온 전화를 무시했다.

그녀가 다시 전화했을 때, 그는 전화를 받았다. 해리스가 월즈에게 말했다.

"월즈, 나와 같이 해주세요. 함께 해봅시다. 내 러닝메이트가 되어서 대업을 이루어 보지 않겠어요?"

그는 해리스의 제안을 흔쾌히 승낙했다. 인생의 성공은 자신이 반드시 남들보다 뛰어나야지만 되는 것은 아니다. 오히려 자기 곁에 있는 사람을 빛내주는 사람이 더 성공할 수 있다.

◆ 정말 이상해!

2024년 8월 6일 팀 월즈는 대표적인 경합주인 펜실베이니아주 필라델피아 선거 유세에 나섰다. 첫 합동 유세였던 그 자리에서 그는 트럼프 공화당 후보와 벤스 부통령 후보를 다시 한번 "이 사람들은 소름 돋고, 정말 이상하다."라며 공격했다.

그는 왜 그랬을까?

이것은 트럼프가 헌법, 자유, 인권과 같은 모든 핵심 가치를 파괴할 위험인물이라는 뜻이었다. 그리고 반대로 이 말은 우리는 정상이라는 뜻이다. 일반적으로 '이상하다'는 보수가 진보를 공격할 때 쓰는 화법이다. 그렇다. 해리스의 부통령 후보 팀 월즈는 보수의 언어로 보수를 공격했던 것이다.

성차별주의자, 혐오 선동가, 사기꾼, 범죄자 등 이런 공격은 민주당의 전형적인 화법에 불과하다. 힐러리 클린턴은 2016년 대선에서 트럼프에게 졌는데 그 이유 중 하나로 트럼프 지지자들에게 '개탄스러운' 사람들이라고 말한 것이 꼽힌다.

이는 엘리트들이 못나고 무식한 서민들을 내려다보면서 하는 말로 인식되어 엄청난 역풍이 불었다. 트럼프 지지자들의 소외감과 박탈감, 그리고 피해의식을 정당화할 수 있는 빌미를 알아서 제공했기 때문이었다.

하지만 '이상해'는 반박하면 더 이상해진다. 어떤 설교나 논쟁 없이도 상대방을 무력화시킨다. 엘리트적인 느낌이나 내려다보는 시선도 없다. 그냥 솔직한 느낌을 말하는 간단한 메시지이다. 이 한마디는 보수적인 가치를 앞세워 진보적 가치를 옹호한다는 전략을 그대로 보여주었다. 그리고 해리스가 유쾌하게 '이상해!'라고 말하는 모습은 이런 전략과 잘 어울렸다. 이는 코코넛 트리에 이어 또 다른 밈을 만들어내기에 아주 적절한 멘트였다.

4

해리스의 정신적 지주

◆ 위대한 스승

어떤 젊은이가 위대한 스승을 만나기 위해 이곳저곳을 찾아다녔으나 만날 수 없었다. 하루는 지친 몸을 이끌고 나무 그늘에서 쉬고 있었는데 저 멀리서 노인 한 명이 다가왔다.

그 노인이 물었다.

"이보게 청년, 왜 그렇게 앉아 있는 건가?"

청년이 말했다.

"위대한 스승을 찾으러 길을 가는 중입니다."

그러자 노인이 안타깝다는 듯이 쳐다보면서 "청년이 찾는 위대한 스승이 어디 있는지 내가 가르쳐 주겠네"라며, "지금 집으로 곧장 돌아가게나. 신발도 신지 않고 뛰어나오는 그분이 자네가 찾는 위대한

▲ 케네디 미국 전 대통령

스승일세"라고 했다.

이 말을 들은 청년은 곧장 집으로 달려가 대문을 두드렸다. 노인의 말대로 신발도 신지 않고 기다렸다는 듯이 뛰어나와 청년을 맞아준 사람은 그의 어머니였다. 바로 미국 제35대 대통령 존 F. 케네디의 어머니였다. 역사 속의 위대한 인물 뒤에는 반드시 훌륭한 어머니가 있다.

해리스의 어머니는 그녀에게 매우 큰 영향을 끼쳤다. 두 딸에게 '너무 어렵다'는 말은 절대로 변명이 될 수 없다고 가르쳤다. 그리고 훌륭한 사람이 된다는 것은 더 큰 무엇인가를 지향하는 것이고, 성공이란 다른 사람들이 무언가를 성취할 수 있도록 도와주는 것으로 증명된다는 것을 딸들의 마음속에 새겨넣었다. 해리스의 첫 선거 때에도 어머니는 자원봉사자들을 모집하고, 홍보물을 발송하는 등 중요한 일들을 대신해 주었다.

▲ 어린시절 어머니와 동생과 있는 해리스

◆ 6전 6승 무패

해리스는 지금까지 여섯 번의 선거를 치렀는데, 첫 번째는 2003년 샌프란시스코의 지방 검사장 선거였다. 반대편 후보자는 별명이 KO로 널리 알려진 해리스의 최고 상급자였다. 이기기 쉽지 않았으나 56.5%로 당선되었다.

당시 그녀는 슈퍼마켓 입구에 있는 쇼핑카트 보관소 근처에 "카멀라 해리스, 정의를 위한 목소리"라고 적힌 포스터를 붙이고 선거 운동을 했다. 두 번째는 지방 검사장 재선이었고 여기서는 98.5%의 어마어마한 득표율로 당선되었다.

세 번째는 2010년 캘리포니아주 법무부 장관 선거였다. 당시 한 정치 전략가는 캘리포니아 대학 어바인 캠퍼스 연설에서 "여성이고, 소수 인종이며, 사형 반대자이고, 부패의 대명사인 샌프란시스코 지방검찰청의 검사장이기 때문에" 그녀가 선거에서 이길 승산이 전혀 없다고 공언했다. 실제로 개표 중간에 지역신문 '크로니클'은 경쟁 후보가 이겼다고 보도했고, 이후 경쟁 후보는 LA에서 당선 소감을 발표하고 있었다. 하지만 그녀는 포기하지 않았고 46%를 득표해 근소한 차이로 당선되었다.

네 번째 선거는 캘리포니아주 법무부 장관 재선이었고 57.5%로 여유롭게 당선되었다. 다섯 번째는 2016년 캘리포니아주 연방 상원의원 선거였는데 무려 서른세 명의 후보와 경쟁하였다. 해리스는 민주당의 오랜 동지이자 하원의원이었던 로레타 산체스와 함께 예비선거 최상위 득표자 두 명에 올랐고, 결선 투표에서 61.6%를 득표해 상원의원에 당선되었다.

마지막으로 여섯 번째 선거는 미국 부통령 선거였는데, 당시 바이든 대통령 후보가 그녀를 부통령 후보인 러닝메이트로 지명하고 총 538명의 선거인단 중 306명의 득표를 얻어 대통령에 당선됨으로써 자동으로 부통령이 되었다.

해리스는 어떻게 여섯 번의 선거에서 한 번도 지지 않고 당선될 수 있었을까? 그녀에게는 어머니라는 정신적 지주가 있었기 때문이다. 그녀의 어머니는 해리스가 어려울 때마다, 문제가 생길 때마다 해결할 수 있는 방향으로 이끌어 주었다. 해리스는 어려운 결정을 내려야 할 때 항상 어머니라면 어떻게 했을지 자신에게 물었다.

해리스는 2020년 여성의 달에 이런 글을 인스타그램에 남겼다.

내 어머니, 샤말라 고팔란 해리스는 자연의 힘이자 내 인생의 가장 큰 영감의 원천이었다. 어머니는 여동생 마야와 내게 열심히 일하는 것이 얼마나 중요한지, 우리에게 잘못을 바로잡을 힘이 있다고 믿는 것이 얼마나 중요한지 가르쳐 주셨다.

◆ 당신의 정신적 지주는 어디에 있는가?

정신적 지주는 스승이라고도 할 수 있는데 우리나라에서는 세종대왕의 생일인 5월 15일을 스승의 날로 정하고 있다. 사람은 누구나 상황이 어렵고 힘들 때 누군가에게 의존하고 싶은 욕구가 생긴다. 그리고 그런 상황에서 꼭 필요한 존재가 정신적 지주, 스승이다.

헬렌 켈러의 경우 두 살때 눈과 귀가 멀어 세상과 소통할 수 없었지만, 설리번 선생을 만나 세상을 배우고, 사람들과 소통하는 방법을 배우게 되었다. 그리고 페르시아 제국을 멸망시킨 알렉산더 대왕의 경우에는 아버지 필립 2세가 아리스토텔레스를 그의 스승으로 두어 역사, 문화, 철학, 정치 등 심오한 진리와 사상에 대해 배우게 했다. 이 두 사례만 놓고 보아도 정신적 지주를 만나는 일은 굉장히 우연이거나 외부적 요인에 의한 것이며 자신의 노력으로 얻기는 쉽지 않다는 것을 알 수 있다.

훌륭한 위인들을 보면 정신적 지주가 아버지나 어머니인 경우가 많은데, 해리스 후보의 정신적 지주도 어머니였음을 보면 우리가 정신적 지주를 너무 멀리서 찾는 것이 아닐까 하는 의문이 든다. 부모님이 우리의 정신적 지주가 되었을 수도 있다.

따라서 우리도 자녀들에게 정신적 지주가 되어 주어야 한다. 자녀들이 어려움을 헤쳐 나갈 수 있도록 내일에 대한 분명한 소망과 강한 신념을 심어줄 수 있다면 우리는 부모로서, 그리고 정신적 지주로서 해야 할 역할을 충분히 했다고 볼 수 있다.

중국 작가인 천빙랑의 『나를 이끄는 목적의 힘』에서는 정신적 지주에 대해 이렇게 정의한다.

"정신적 지주란 당신에게 도움을 주고 필요할 때 손을 내밀어 끌어줄 수 있는 사람이다. 이들은 어떤 대가도 바라지 않거니와 아무것도 요구하지 않는다. 이러한 정신적 지주의 도움은 누구에게나 없어서는 안 될 소중한 것이다."

해리스의 성공 법칙 5 : 자신만의 사람들과 정신적 지주를 찾아라!

6장

성공의 문을 여는 열쇠

1

성공하려면 기회를 잡아라

◆ 밀물 때

한 청년이 집마다 돌아다니며 물건을 파는 방문 판매를 하고 있었다. 어느 날 여느 때와 같이 물건을 팔기 위해 한 노인의 집을 방문했다. 그 노인의 집 현관에는 그림이 하나 걸려 있었는데 그 청년에게는 너무나 인상적이었다. 특별히 유명한 화가의 그림도 아니고 오래된 골동품도 아니었다. 화려하지도 아름답지도 않았다. 썰물로 바닥이 드러난 쓸쓸한 해변에 초라한 나룻배 한 척이 쓰러질 듯 놓여 있는 그림 밑에 짧은 문구가 쓰여 있었다.

'반드시 밀물 때는 온다. 바로 그날, 나는 바다로 나갈 것이다.'

시간이 지나 노인이 세상을 떠날 때가 되자 그 청년은 그림을 자신에게 달라고 부탁했고, 그 노인은 흔쾌히 그림을 그에게 주었다. 그

문구를 자신의 생활신조로 삼아 청년은 세계에서 제일 큰 부자로 성공했다. 그는 다름 아닌 강철왕 '앤드루 카네기'였다. 그의 일화처럼 누구에게나 바다로 나갈 수 있는 밀물 때는 반드시 온다.

◆ 사람은 자기 생각대로 된다

얼마 전 나는 재밌는 영화를 한 편 보았다. 제목이 '파운더'(Founder)였는데, 맥도날드의 창업자 '레이 크록'의 일대기를 다룬 영화였다. 영화의 시작은 53세의 레이 크록이 땀을 뻘뻘 흘리며 일하는 장면에서 시작한다.

그도 앤드루 카네기처럼 방문 판매 영업을 하고 있었다. 당시에 그는 얼음을 갈아 셰이크를 만드는 믹서기를 파는 회사의 영업사원이었는데, 가족을 먹여 살리기 위해 더운 여름날에도 밖에 나가 일했다. 그리고 저녁에는 '노먼 빈센트 필' 목사의 '긍정적 사고의 힘'에 대한 카세트테이프를 매일 들었다.

> 끈기, 이 세상의 어떤 것도 끈기를 대신할 수 없다.
>
> 재능도 소용없다. 재능이 있어서 성공하지 못한 이들은 넘친다.
>
> 천재성도 소용없다. 결과를 내지 못한 천재들도 넘친다.
>
> 교육도 소용없다. 세상은 교육받은 바보들로 가득하다.
>
> 오로지 끈기와 결단만이 힘을 발휘한다. 당신이 무엇에도 절대 패배하지 않는다는 것을 증명하라.
>
> 평화로운 마음과 함께 더 건강할 수 있으며, 에너지를 끊임없이 생산한다는 것을 증명하라.

날마다 이를 성취하려고 시도하면 결과는 당신에게 분명해진다.
마술처럼 들리긴 하겠지만, 당신의 미래를 만드는 것은 당신 자신이다.
우리 세대의 가장 큰 발견은, 인간은 태도를 바꿈으로써 삶을 변화시킬 수 있다는 것이다.
미국 시인 '랠프 월도 에머슨'은 말했다. 우리는 자신이 온종일 생각하는 사람이 된다.

결론적으로 끈기와 결단력을 가지고, '나는 할 수 있다'라는 긍정적인 사고를 하면 성공하는 미래가 만들어진다는 말이다. 이것은 세계 최대 프랜차이즈인 맥도날드라는 성공을 열기 위한 레이 크록이 가졌던 힘이자 열쇠였다. 그는 필 목사의 설교를 매일 들으며 자신의 무의식을 긍정적 사고와 성공으로 채우고 있었다. 그런데 당신은 알고 있는가? 사람은 결국 자기 생각대로 된다는 것을.

◆ 레이 크록의 기회

그날도 크록은 방문 판매를 하고 있었는데, 갑자기 한 가게에서 여섯 개의 셰이크 믹서기를 주문받게 되었다. 도대체 어떤 가게가 여섯 개나 주문했는지 궁금해 크록은 직접 가게를 방문해 보았는데, 그곳은 그 당시에는 흔하지 않은 셀프서비스로 운영하는 햄버거 가게였다. '맥도날드 바비큐'라는 이름의 가게 안에서는 공장에서 물건 찍어내듯이 햄버거를 만들고 있었고, 종이나 플라스틱 등 일회용품을 사용해 햄버거 하나를 단돈 15센트에 팔고 있었다. 그리고 그곳에서 그

▲ 세계 1등 프랜차이즈 맥도날드

는 엄청난 '기회'를 발견했다.

'이 햄버거 가게 시스템을 미국 전역으로 확장하게 되면 어떨까?'

레이 크록은 가게를 운영하는 맥도날드 형제에게 지점을 내자는 제안을 했고 오랜 설득 끝에 프랜차이즈 사업 계약을 맺었다. 1955년 1호점을 연 그는 1959년까지 4년 만에 100여 개의 맥도날드 지점을 새로 오픈했다. 레이 크록은 "맥도날드의 황금 아치를 교회의 십자가만큼 많이 세우는 것이 내 목표다"라고 선언했고, 1년 뒤인 1960년에는 지점 수가 200개를 돌파했다. 그리고 그다음 해에 레이 크록의 인생을 바꾸는 계약을 맺는다. 맥도날드 형제가 가진 로열티를 270만 달러의 일시불로 사버린 것이었다.

그렇게 그는 맥도날드의 진정한 오너가 되어 1966년 주식을 상장했고, 1968년 빅맥을 출시해 1년 만에 50억 개를 팔면서 세계 1등 프랜

차이즈가 되었다. 레이 크록은 말했다.

"사람들은 내가 53세 늦은 나이에 사업을 시작해 하룻밤 사이에 돈방석에 앉았다고 한다. 하지만 나는 할리우드 스타들과 크게 다르지 않다. 그들은 수년 동안 보이지 않는 곳에서 묵묵히 노력하다가 때를 만나 큰 성공을 거둔다. 내가 하루아침에 돈방석에 앉았다는 말은 맞을지 모르지만 성공하기 전 30년의 걸친 긴긴밤의 노력이 있었다."

우리도 인생을 살면서 반드시 밀물 때가 온다. 그 밀물을 타고 저 넓은 바다로 나아가야 한다. 그러기 위해서는 밀물이 오기 전 노 젓는 법과 항해하는 법을 익혀두고, 밀물이 들어왔을 때 있는 힘껏 노를 저어야 한다. 기회를 놓치지 않고 잡는 자만이 성공할 수 있기 때문이다. 해리스도 그녀에게 온 기회를 놓치지 않았다. 그녀의 밀물 때는 바이든 대통령이 어느 일요일 오후 대선 후보에서 사퇴한다고 선언했던 때였다.

◆ 해리스의 밀물 때

사실 후보 사퇴 전에도 바이든 대통령이 재선에 성공하는 것이 불투명했다. 제일 먼저 미국의 아프가니스탄 철수에 대해 많은 비판이 있었다. 철수하는 과정에서 미국 정부가 조력자들의 명단을 탈레반에 넘긴 것부터 시작해서, 공항 테러 사건으로 미군 열세 명이 전사하고 열일곱 명이 다치는 사고가 생긴 것이다. 무엇보다 불명예스러웠던 점은 전쟁에서 사실상 미국의 패배를 인정함으로써 다른 국가들이 우습게 볼 수 있었다는 사실이다.

바이든의 나이도 문제였다. 그는 2024년 82세로 미국 역사상 최고령 현직 대통령이다. 나이는 숫자일 뿐이라지만 그의 말과 행동에서 나오는 실수가 주위 사람들을 더욱 우려스럽게 만들었다. 2020년 민주당 대선 경선 출마를 선언하는 파티에서 자신을 소개하면서 '대통령 후보'가 아닌 '상원의원 후보'라고 말했으며, 2022년에는 노스캐롤라이나주 그린즈버러에 있는 농업기술 주립대학에서 경제 정책 관련 연설을 하던 중 허공을 향해 악수를 청하는 모습이 화제가 되었다. 이는 청중을 위한 손짓으로 판명되었지만, 그의 치매설은 끊이지 않았다. 그리고 2024년 6월 27일 트럼프와의 대선 후보 토론에서 바이든은 인지능력에 문제가 있는 듯한 모습을 보임으로써 본인뿐 아니라 민주당의 지지율 하락에 결정적인 역할을 했다.

바이든의 가족도 고질적인 문제였는데, 차남인 헌터 바이든이 아버지의 정치에 심각한 방해가 되었다. 헌터 바이든은 탈세, 마약, 혼외자 논란을 비롯해 중국과 우크라이나에서 사업상 특혜를 받은 의혹까지 받았기 때문에, 민주당에서 공화당을 상대하기 위한 전략을 구축할 때 트럼프의 가장 큰 약점이었던 범죄자 프레임을 씌울 수 없었다. 또한 바이든은 천주교 신자였기 때문에 트럼프가 밀고 있는 '낙태금지법'에 대해 반론을 들 수가 없었다.

이외에도 미국 물가 상승과 많은 외교 정책의 비판으로 민주당 내부에서도 사퇴 압박이 심했다. 민주당의 많은 후원자와 버락 오바마 전 대통령, 낸시 펠로시 하원 의장을 비롯한 민주당 의원들이 바이든의 사퇴를 촉구했다. 그리고 드디어 7월 21일 일요일 오후 2시경, 바이든 대통령은 대선 후보직을 사퇴한다는 성명을 발표했다. 그의 SNS를 통해 "여러분의 대통령으로 봉사할 수 있었던 것은 제 인생에서 가장 큰 영광이었습니다. 재선에 도전하려고 했지만, 남은 임기 동안 대통령으로서 제 의무에 집중하는 것이 당과 국가에 최선이라 믿습니다." 라고 했다.

그리고 약 30분 후 그는 다시 한번 더 SNS 메시지를 올렸는데, "지난 2020년 민주당 대선후보로서 내린 첫 번째 결정은 해리스를 부통령 후보로 선택한 것이며, 그것은 가장 좋은 결정이었습니다. 오늘 저는 해리스 부통령이 당의 후보가 될 수 있도록 전폭적인 지지와 지원을 표하길 원합니다."라며 해리스를 지지했다.

바로 그때 해리스는 자신의 눈앞에 다가온 절호의 기회를 있는 힘껏 꽉 붙잡았다. 그리고 그동안 비축해 놓았던 에너지를 폭발시켜 젖 먹던 힘을 다해 노를 젓기 시작했다.

◆ 그녀는 어떻게 48시간 만에 민주당을 장악했나?

7월 21일 일요일 아침, 해리스는 베이컨과 팬케이크로 식사하고 조카들과 함께 신나게 퍼즐을 풀고 있었다. 그때가 바이든이 대선 후보 사퇴 SNS를 올리기 몇 시간 전이었다. 그러다 갑자기 바이든에게 전화가 왔다. 그는 이미 자신이 결정했다고 말했고, 그녀는 "확실한가요?"라며 놀라서 물었다.

바이든은 해리스를 지지할 것을 분명히 하겠다고 대답했다. 해리스는 곧바로 워싱턴 D.C. 해군 천문대 내 부통령 관저로 측근들을 빠르게 소집했다. 그리고 오후 2시쯤 바이든 대통령이 SNS에 사퇴 선언을 올리자마자 그녀는 전화를 돌리기 시작했다. 세계 최고의 자리인 미국 대통령을 위한 민주당 후보라는 배에 올라타 힘껏 노를 젓기 시작했다.

해리스는 모교인 하워드 대학교 체육복에 스니커즈 차림으로, 민주당 핵심 명단을 보면서 밤새도록 전화를 돌렸다. 전화를 받지 않을 때는 음성 메시지에 "당신이 내 전화를 받지 않은 채 오늘이 지나가도록 하지는 않겠다."라며 그녀의 의지를 확실히 드러냈다. 그리고 핵심 인사들에게 빠짐없이 연락해 대선후보로 자신을 지지해달라고 요청했다.

바이든 대통령은 지난달 공화당 대선후보인 도널드 트럼프 전 대통령과의 첫 TV 토론에서 참패한 뒤 10여 일간 민주당 인사들에게 겨우 20통의 전화를 했지만 해리스는 이날 열 시간 동안에 무려 100통의 전화를 했다.

바이든 대통령의 후보 사퇴로부터 약 서른여섯 시간이 지나자 해리스는 민주당 대선후보 지명에 필요한 매직넘버, 즉 과반수인 약 2천명의 대의원 지지를 확보할 수 있었다. 그리고 23일에는 민주당 대의원 3,100명 이상의 지지를 받아 그날 이후부터 그녀는 사실상 민주당을 장악했다.

일주일 뒤인 7월 30일, 애틀랜타 연설에서 그녀는 트럼프의 실패한 공약을 지적하면서 '과거로 돌아가지 않겠다'고 선언하였다. 그녀의 슬로건은 'We are not going back!'이었다. 이것은 트럼프의 'MAGA'(Make America Great Again)와 완벽히 대칭된 전략이었다. 또한 트럼프의 범죄 경력을 강조하고, 9월 대선 토론에 나오지 않겠다고 한 트럼프를 절묘하게 겁쟁이인 듯한 범죄자-검사 프레임으로 대중을 휘어잡았다. 그렇게 그녀는 서서히 대선 판세를 뒤집기 시작했다.

▲ 대통령 후보가 된 해리스

◆ 두 가지 능력

바이든 대통령의 후보 사퇴 이후 해리스가 단 이틀 만에 민주당을 장악할 수 있었던 것에는 그녀가 가진 다음 두 가지 능력이 있었기 때문이다.

1. 사람을 부릴 줄 아는 능력
2. 자기 PR 능력

그녀에게 필요했던 첫 번째는 사람을 부릴 줄 아는 능력이다. 드디어 자신에게 기회가 왔다고 판단한 해리스는 일요일 오전 그녀의 측근들을 모두 관저로 집합시켰다. 우리는 그녀의 이런 모습을 그녀가 법무부 장관일 때도 이미 살펴보았다. 그녀가 전화를 돌리는 사이 측근들도 그녀 곁에서 대의원을 같은 편으로 끌어들이기 위한 노력을 끊임없이 해주었다. 그녀와 참모진들은 피자와 샐러드를 시켜 먹으면서 밤을 꼬박 새웠고, 바이든 선거본부의 대의원 관리를 이어받아 해리스를 지지하도록 설득했다.

두 번째는 자기 PR 능력이다. 전화만으로 몇천 명의 대의원들에게 지지받는 것은 쉬운 일이 아니었다. 핵심 인사 중 프리츠커 일리노이 주지사나 조쉬 샤피로와 같은 잠재적인 대선후보 경쟁자들에게도 역시 지지받아야 했는데, 아마도 그녀가 직접 전화했을 것이다.

그녀는 어떻게 그들을 설득했을까? 그들이 아닌 자신이 대선후보에 적합하다고 단순히 주장하는 것만으로는 부족했다. 그들에게 신뢰와 믿음을 줄 수 있는 자기 PR이 필요했다.

그녀는 상대방을 끌어당기는 자기 PR을 통해 빌 클린턴 전 대통령과 힐러리 클린턴 전 국무장관의 공동지지 선언을 1시간 만에 얻어낼 수 있었다. 특히 민주당 최고 원로인 버락 오바마 전 대통령과 그의 부인 미셸 오바마의 지지를 받는 것이 가장 힘들었지만, 결국 그녀는 해냈다. 며칠이 지나 오바마 전 대통령이 직접 그녀에게 전화를 걸어 지지를 선언했고, 마침내 그녀는 민주당 대선후보 선출의 마지막 관문을 통과했다.

해리스는 수많은 경험을 통해 이 두 가지 능력을 이미 갖추고 있었고, 그녀 인생 최고의 기회를 잡을 수 있었다. 우리에게도 기회는 갑자기 찾아온다. 그리고 우리도 기회가 오기 전에 이런 능력들을 갖추고 있어야 그 기회를 성공으로 바꿀 수 있다. 그렇다면 우리가 이런 능력들을 키우기 위해 어떻게 해야 할까?

◆ 사람을 부릴 줄 아는 능력 '리더십'

사람을 부릴 줄 아는 능력은 '리더십'이다. 피터 드러커, 이나모리 가즈오, 마이클 포터 등 수많은 경영학자와 기업가들이 쓴 리더십 관련 도서들이 워낙 많기에 사람을 부릴 줄 아는 능력도 굳이 언급할 필요가 없을 듯하다. 이런 책들을 읽으면 리더십에 대해 잘 알 수 있을 것이다. 하지만 지식이 있어도 그것을 쓸 줄 아는 것과는 다른 이야기이다. 그래서 나는 '누군가의 리더가 되어 보는 것'이 사람을 부릴 줄 아는 능력을 기르는 최고의 방법이라고 생각한다.

그래서 나는 젊은 남성분들을 보면 늘 얘기한다. 우리나라에서 태어나면 반드시 겪을 수밖에 없는 국방의 의무를 통해 리더십을 쌓으라고 말이다. 군에 복무할 때 사병과 장교로 복무하는 것은 하늘과 땅 차이이다. 기왕 국방의 의무를 수행한다면 장교로 복무하는 것을 적극적으로 추천한다. 물론 사병이라 할지라도 계급이 올라가면서 리더십을 경험할 수 있으므로, 장교로 갈 수 없다면 사병으로라도 가서 리더십을 경험하는 것이 좋다. 다만 가기 전에 반드시 여러 책을 통해 리더십에 대한 지식을 쌓아야 한다. 리더십에 대해 전혀 모르고 가는 것은 알고 갔을 때 얻는 것의 절반도 못 얻을 것이다.

내 딸들을 비롯한 젊은 여성분들에게도 학교 동호회나 사회생활을 통해 리더십을 배우라고 권하고 싶다. 그리고 우리가 가진 리더십을 발휘하기 위해 전 세계로 나가길 바란다. 이 부분은 뒤에서 좀 더 자세히 다루기로 하고, 마지막으로 리더십에 대해 핵심만 빠르게 배우고 싶다면 데일 카네기의 『인간관계론』을 보면 된다. 내 사람이 스스로 맡은 일을 하고 싶어지도록 만드는 방법을 알려주는 리더십의 바이블 같은 책이기 때문이다.

◆ 자신을 각인시키는 기술 '자기 PR'

자기 PR 능력 또한 사람을 부릴 줄 아는 능력과 마찬가지로 책을 통해 쉽게 배울 수 있다. 그리고 리더십과 마찬가지로 자기 PR을 어떻게 하는지 아는 것과 실전은 상당한 차이가 있다. 따라서 직접 해보는 것이 자기 PR 능력을 키울 수 있는 최고의 방법이다.

PR은 Public Relation의 약자이다. 미국 PR 협회 제러드 코르벳 회장은 "아름다움처럼 PR의 정의는 보는 사람의 눈에 따라 다양하다."라고 말했다. 이 말처럼 PR은 주로 단순한 홍보가 아닌 매우 넓은 개념으로, 계획적이고 의도적인 모든 커뮤니케이션 활동을 의미한다.

PR을 잘하려면 단순히 SNS를 잘하면 될까? 아니다. PR은 상대방에게 신뢰와 믿음을 주는 것이 핵심이다. 따라서 PR을 잘하기 위해서는 먼저 자신을 잘 알아야 한다.

해리스는 자신에 대해 누구보다 잘 이해하고 있었다. 그녀는 자신을 있는 그대로 보여주되, 남들과는 차별화된 방법으로 표현해야 했다. '코코넛트리', 'brat', '예의보다 용기' 등 그녀의 이미지를 대중화했다. 대부분의 인플루언서는 자신이 누구인지, 하는 일이 무엇인지, 어떤 콘텐츠로 어느 매체를 이용해 소통할 것인지를 명확하게 알고 있다. 따라서 자기 PR을 위해서 자기가 잘하는 것이 무엇인지 인지하고 이를 PR에 활용하기 위한 콘텐츠로 삼아야 한다. 그래야 상대방에게 자신을 뚜렷이 각인시킬 수 있다. 하지만 어느 정도 인지도가 생기고 나면 영향력을 키워야 한다.

영향력을 키우기 위해서는 다음 세 가지가 필요하다. 첫째, 대중의 욕구를 이해해야 하고, 둘째, 대중을 지루하게 만들지 말아야 하며, 셋째, 자신만의 이슈거리를 만들어야 한다. 마지막 항목인 이슈거리는 부정적인 노이즈 마케팅이 아닌 긍정적인 이슈거리를 말한다.

말은 쉽지만, 실제 해보지 않으면 알 수 없다. 관련 책들을 이용해 많이 공부하고 실제 자신에게 적용해 보아야지만 능력을 키울 수 있다. 해본 사람과 아닌 사람은 그 실력에서 극명한 차이를 보이기 때문이다. 자, 지금 바로 자신이 무엇을 제일 잘하는지 고민해 보고 작은 것부터 도전하자.

2

선택의 역설과 실행력

◆ 배수진 - 선택의 여지가 많을 때 성공할 수 있는 확률이 높을까?

배수진(背水陣)이란 물을 등 뒤에 두고 진을 치는 전술을 말한다. 즉, 병사들이 물러날 곳이 없는 상태에서 적들과 죽을 각오로 싸우게 만드는 필사적인 전술이다. 이는 사마천이 저술한 중국 역사서 '사기'에 나오는 정형 전투에서 유래했는데, 평민 출신의 한나라 장수 한신(韓信)이 배수진을 쳐서 열 배의 군사를 가진 조나라 재상 진여에 대항해 전투를 승리로 이끌었다.

한신은 이 전투에서 훈련 수준이 매우 떨어지는 군사들을 데리고 싸울 수밖에 없었고, 그 군사들도 자신들의 뒤에 강이 있으니 싸우는 수밖에 선택의 여지가 없었다. 정형 전투뿐만 아니라 그는 한(漢)나라

유방이 중국을 통일하는 데 매우 중요한 역할을 한다.

일반적으로 우리는 선택의 여지가 많을 때 성공할 수 있는 확률이 높다고 생각한다. 하지만 실제 우리 삶은 그와 정반대이다. 우리는 한나라 장수 한신이 배수진을 친 것처럼 선택의 여지가 적을 때 더 효과적으로 성공할 수 있다. 이와 관련하여 미국 컬럼비아 대학의 '쉬나 아이엔가' 교수가 했던 유명한 실험이 있다.

◆ 선택의 역설

아이엔가 교수는 해리스처럼 인도계 이민자의 딸이다. 그녀는 캐나다 토론토에서 태어나 미국 뉴저지에서 자랐는데 열세 살 때 아버지가 갑자기 세상을 떠났다. 엎친 데 덮친 격으로 망막 색소 변성증에 걸려 책을 읽을 수 없게 되었고 빛만 어렴풋이 볼 수 있었다. 하지만 그녀는 자기 삶이 이미 결정되었다고 생각하지 않았다. 새로운 선택의 관점에서 삶을 바라보았고, 자기 삶 속에는 변화시킬 수 있는 일들이 가득하다고 생각했다. 아이엔가 교수는 삶의 희망을 '선택'했다.

그녀는 펜실베이니아 대학교를 거쳐 스탠퍼드 대학교 심리학 박사과정을 거치면서 시각장애인으로서의 경험을 통해, 선택에 영향을 미치는 문화적 차이점을 연구했다. 이후 그녀는 컬럼비아 경영대학원 교수로 스탠퍼드 대학교 마크 래퍼 교수와 재밌는 실험을 했다.

아이엔가 교수는 슈퍼마켓 안에 두 가지 진열대를 설치했는데, 한 진열대에는 여섯 가지 잼을 시식할 수 있었고, 다른 진열대에는 스물네 가지 잼을 시식할 수 있게 했다. 이 상황에서 고객들은 어떤 진열대의 잼을 더 많이 샀을까?

결론부터 말하면 여섯 가지 잼을 시식할 수 있는 곳에 진열된 잼이 더 많이 팔렸다. 지나가는 사람 중 실제 진열대 앞에 멈춘 사람의 비율은 스물네 가지 잼을 시식할 수 있는 곳이 60%로 더 높았다. 그리고 여섯 가지 잼을 시식할 수 있는 진열대에는 지나가는 사람의 30%밖에 멈추지 않았다.

하지만 멈춘 사람들은 여섯 가지 잼을 시식할 수 있는 진열대의 잼을 더 많이 사 갔다. 여섯 가지 잼을 시식할 수 있는 진열대에서 멈춘 사람 열 명 중 세 명이 잼을 구매한 데 반해, 스물네 가지 잼을 시식할 수 있는 진열대에서는 멈춘 사람의 백 명 중 세 명만 잼을 사 갔다.

'선택의 역설'이라 부르는 이 이론은 사람들에게 너무 많은 선택권이 주어지면 판단을 망설이게 되고 더 나아가 선택을 할 수 없는 상황에 이르게 된다고 말한다. 선택지가 많아지면 뇌는 그만큼 많은 활동을 해야 하므로 피곤해지고 결정하기가 더 힘들어진다. 인간의 뇌는 매우 게으르고 본능에 의해 불필요한 일에 에너지를 낭비하려고 하지 않기 때문이다. 무엇을 선택하고 판단하려면 정보를 탐색하고, 분석하고, 결정하는 복잡한 과정을 거쳐야 하는데, 안 그래도 바쁜 세상에 이것저것 따지면서 의사결정을 하기에는 삶이 너무 피곤하기 때문이다.

◆ 실패하는 사람들의 특징

주위를 둘러보면 실패하는 사람의 전형을 쉽게 찾을 수 있다. 이런 사람들은 일단 말이 많다. 이럴 때는 이렇게 해야 하고, 저럴 때는 저렇게 해야 하고, 자기였으면 안 그랬을 거라는 등 말만 들어보면 본인만큼 뛰어난 사람이 없다. 하지만 정작 그 사람은 무엇을 이루었을까? 들여다보면 아무것도 이루지 못했을 것이다. 빈 수레가 요란한 법이니까.

실패하는 사람들의 가장 큰 문제점은 말만 많고, 실행하지 않는다는 것이다. 이것저것 기웃거리다 아무것도 선택하지 못하고 아무것도 해보지도 않는다. LG경제연구소가 실패한 CEO에 대해 보고서를 낸 적이 있다. 이 보고서에는 실패하는 CEO의 여덟 가지 특징이 있었는데 살펴보면 다음과 같다.

1. 실행에 약하다.
2. 조직원의 헌신을 끌어내기보다 프로세스에 집착한다.
3. 제한된 정보에만 의존한다.
4. 인기에 연연한다.
5. 스스로 낮은 기준에 만족한다.
6. 숫자를 놓친다.
7. 과거의 미련에서 벗어나지 못한다.
8. 후계자 육성에 실패한다.

이렇게 많은 특징 중에 가장 첫 번째가 '실행에 약하다'라는 것이다. 1993년 IBM은 한때 위대한 IT 기업이라는 명예를 뒤로하고 몰락해가는 중이었다. 역사상 최대 규모인 50억 달러의 손실을 보았고, 10만 명의 직원을 해고하기에 이르렀다. 하지만 6년 뒤 IBM은 부활했다. 순이익 54억 달러, 시장가치 743억 달러인 미국에서 여섯 번째로 큰 회사로 부활했다. 어떤 변화가 있었길래 IBM이 이렇게 되살아났을까? 답은 실행력에 있었다.

새로 CEO에 취임한 '루 거스너'는 실행에 중점을 두고 조직 문화와 프로세스를 개선했다. 그는 당시 'IBM에 필요한 것은 오로지 실행, 단호함, 그리고 조직의 단순화를 통한 행동의 스피드를 높이는 것이며, 비전이나 전략을 새로 짜는 것은 맨 나중이다'라고 했다.

실제로 그는 취임 이후 실행력에만 초점을 맞춰 기업을 운영했다. IBM 경영 전반에서 사업 분할 등 중요한 전략 변화는 없었고 일부 임원만 교체되었을 뿐이었다. 아무리 좋은 꿈과 비전이 있더라도 이를 실행하지 않는다면 허상에 불과하다. 그만큼 성공의 문을 여는 데 있어서 실행력은 중요한 열쇠 중 하나이다.

◆ 선택의 여지가 없을 때 실행하기 더 쉽다

오늘도 어김없이 박과장은 김대리에게 점심 메뉴를 물어본다.

"김대리, 오늘 점심은 뭐 먹을까?"

그런데 김대리의 대답은 늘 똑같다.

"음, 전 아무거나 괜찮아요."

박과장의 머리는 오늘도 어김없이 선택에 대한 스트레스로 과부하가 걸린다. 우리 일상에서 겪는 일 가운데 선택의 여지가 없는 일은 별로 없다. 그리고 선택에는 항상 다른 선택을 했을 때의 기회비용이 따른다. 하지만 가끔 우리는 '그때는 선택의 여지가 없었어'라고 과거를 회상한다. 이 말에는 미련이 남아있지 않다. 따라서 후회도 없다.

우리나라에서 자수성가한 대표적 인물인 현대그룹 정주영 회장의 자서전 『시련은 있어도 실패는 없다』에 보면 젊었을 적 쌀가게 '복흥상회'의 배달원으로 일하는 모습이 나온다. 그는 당시 그 쌀가게에서 일하는 것 외 선택의 여지가 없었다. 그래서 매일 새벽같이 출근해 가게 앞을 쓸고 닦으며 누구보다 열심히 일했다. 복흥상회 주인 부부에게는 외아들이 있었는데 늘 노름에만 빠져 있어 보다못해 상회를 정주영에게 넘긴다.

이렇게 가끔 우리는 선택의 여지가 없는 사람들이 열심히 노력하여 성공한 사례들을 만난다. 이런 사례들을 가만히 들여다보면 그들은 선택의 폭이 좁다고 신세 한탄을 하기보다는 그들이 할 수밖에 없는 일에 최선을 다하는 것을 볼 수 있다. 그들은 하나뿐인 선택에 인생의 모든 것을 올인했던 것이다. 심지어 배수진을 쳤던 한나라 장수 한신처럼 선택의 폭을 스스로 줄일 수도 있다. 우리도 성공하기 위해서는 선택의 여지를 넓히기보다는 강한 실행력을 가지고 지금 할 수 있는 일에 최선을 다해야 한다.

3

일류가 되려면 전 세계로 나아가라

◆ 남들과 비교하지 마라

내 딸아이는 성격이 호탕해서 싫어하는 게 몇 없는데, 그중 하나가 잔소리다. 아이들은 부모의 잔소리를 제일 싫어한다. 그중에도 제일 싫어하는 잔소리는 남과 비교하는 것이다.

부모들은 "옆집 정우는 1등 했다더라", "그 애는 그렇게 잘하는데 너는 학원도 더 많이 보내주고 과외도 시켜주는데 도대체 뭐하냐?"라고 잔소리한다. 아이들은 성격도 다르고, 취미도 다르다. 또한 각자 배우는 속도도 다르다. 그런 아이들에게 다른 아이와의 비교는 마음의 큰 상처가 된다.

아내들은 늘 옆집 아저씨와 남편을 비교한다. "옆집 아저씨는 돈도 잘 벌어오더라." "돈도 잘 벌고, 가정적이기까지 한다는데 당신은 도대체 뭐하냐?"라고 따진다. 하지만 다른 사람과 늘 비교하면서 살아가는 사람은 불행하다. 그리고 그런 좁은 시야를 가지고는 성공할 수 없다. 조그만 동네에서 옆집과 비교해봤자 우물 안 개구리에 불과하다. 우물 안 개구리는 딱 우물 크기만큼만 하늘을 볼 수 있다.

미국 월스트리트는 세계의 금융이 움직이는 곳이다. 여기서 잘나가는 펀드매니저가 있었는데 열 명의 투자자의 돈을 관리해준다. 1인당 1억 달러씩 10억 달러를 관리해주었다. 하지만 자신의 연봉은 200만 달러였다. 자신은 죽을힘을 다해 이익을 남기려고 밤을 새우는데 투자자들은 그저 자신에게 전화 한 통 하면서 위세를 부렸기 때문이다. 투자자가 머리도 나쁘고 학교도 자신보다 훨씬 못한 곳을 나왔다는 사실에 더 화가 치밀어올랐다. 매년 20억 원이 넘는 돈을 받았지만, 그는 항상 불만에 가득 차 있었다. 아무리 좋은 대우와 많은 연봉을 받아도 비교하면 절대 행복할 수 없다.

해리스의 어머니는 그녀의 딸들을 남들과 절대 비교하지 않았다. 해리스도 자기를 누구와 비교하면서 살지 않았다. 그녀는 자신만의 신념과 기준을 가지고 그녀답게 살았다. 우리도 그래야 한다. 나는 딸들에게도 절대 남들과 비교하면서 살지 말라고 당부한다. 그리고 어제의 자신과 비교하면서 자신과 경쟁하라고 말한다. 남을 이기면 일등이 되고 나를 이기면 일류가 된다.

이런 사소한 생각의 차이 하나가 우리를 일류로 만들고 대한민국을 넘어 전 세계적으로 성공할 수 있게 만드는 열쇠이다. 우리는 우월한 민족이다. 그래서 우리나라 사람이 세계적으로 일류가 된 사례들을 쉽게 찾아볼 수 있다.

◆ 우리나라 여성들은 위대하다

우리나라 여성들은 옛날부터 위대했다. 특히 위대한 어머니들이 많았다. 한석봉으로 우리에게 익숙한 한호는 추사 김정희와 함께 조선시대 명필 서예가이다. 훗날 그의 글씨는 조정의 서체로 채택되었고 우리나라를 넘어 중국 명나라에까지 명성을 떨쳤는데, 한석봉과 어머니의 일화는 너무도 유명하다. 공부하던 아들이 4년 만에 집에 돌아왔을 때 그의 어머니는 불을 끄고 그에게 글씨를 쓰게 했다. 그의 어머니는 꾸불꾸불한 글씨를 보고 한석봉을 호되게 꾸중하고 다시 돌려보내 10년 공부 기간을 채웠다고 하니, 조선의 명필을 만든 것은 그의 어머니가 분명하다.

또한 이순신 장군의 어머니 변씨는 임진왜란이 일어나자 아들이 걱정하지 않도록 가까운 여수로 이사 가서 지성을 다해 기도했다고 한다. 아들이 인사 오면 "빨리 돌아가라" 말하며 위대한 이순신 장군을 만들었다. 또한 이순신 장군이 모함받아 선조로부터 미움을 받고 파직당해 감옥에 갇혔을 때 그의 어머니는 83세의 병든 몸으로 아들을 만나기 위해 상경하다 목숨을 잃고 말았다. 그런데 상경하기 전 극구 말리는 사람들에게 그녀는 "내 관을 짜서 배에 실어라."며 아들을 살려내겠다는 의지가 강했다고 한다. 이런 어머니를 이순신 장군은 '난중일기'에서 '하늘'이라 칭하며 섬겼다고 한다.

율곡 이이의 어머니 신사임당은 우리나라 어머니의 대표적인 인물이다. 일단 아들이 열세 살에 진사 시험에 합격하고 아홉 차례나 장원급제한 훌륭한 조선의 학자인 것만 봐도 그녀가 얼마나 위대한지 알 수 있다. 신사임당은 항상 이이 앞에서 글을 읽고 시를 쓰는 모습을 보여주었으며, 농사의 소중함을 깨닫게 하려고 직접 농사를 짓는 모습을 보였다고 한다. 또한 스스로 남편을 존중하는 모습을 보여 어린 이이에게 부모에 대한 효를 가르쳤다. "소인이 되지 말고 군자가 되어라."라고 가르치며 자기완성을 이루게 했으며, 율곡 이이가 최선의 노력으로 결과를 만들어내도록 가르쳤다.

우리나라 여성 중 성공한 인물로 조수미를 빼놓을 수 없다. 그녀는 세계 3대 소프라노로 평가받고 있는데, 유명한 지휘자 '헤르베르트 폰 카라얀'으로부터 "신이 내린 목소리", "100년에 한 번 나올까 말까 한 인류의 위대한 자산"이라며 잔사를 받았다. 어렸을 때는 피아노를 잘 쳤는데 하루에 여덟 시간씩 피아노를 연습했으며, 서울 대학교 성악과 역대 최고 점수로 수석 입학하였다.

또한 이탈리아 로마 명문 음악학교인 산타 세실리아 국립음악원으로 유학 가서는 5년 과정을 2년 만에 마치고 졸업하기도 했는데, 심지어 2년의 유학 시절 동안 7개의 국제 콩쿠르에서 우승했다. 조수미는 모차르트 오페라 마술피리의 '밤의 여왕'을 완벽하게 소화하기로 유명한데 기술적으로 너무 예쁘고 정확하게 불러서 듣는 사람의 간담이 서늘해질 정도라고 한다.

또 다른 우리나라 여성으로 김연아 선수를 언급하지 않을 수 없다. 김연아 선수가 등장하기 전에 우리나라는 쇼트트랙이 유일하게 관심 있는 빙상 스포츠였다. 피겨 스케이팅은 국민뿐 아니라 정부에서도 큰 관심이 없었고, 따라서 후원이나 투자도 거의 없었다. 국제적으로도 유럽이나 미국, 신흥강자로 떠오르던 일본과 달리 한국은 겨우 올림픽 출전권만 얻는 수준이었다.

김연아 선수도 전용 연습장이 없어 공용 아이스링크에서 훈련했는데 이마저도 새벽이나 저녁 늦게만 이용할 수 있었다고 한다. 그녀는 여섯 살부터 피겨 스케이팅을 시작해서 열두 살 때부터 국제 대회에 출전하기 시작했는데, 피나는 노력을 통해 2004년 열다섯 살에 주니어 그랑프리 세계 피겨 선수권에서 우승하며 세계적인 선수가 되었다. 당시 일본의 아사다 마오 선수는 엘리트 코스를 거치면서 피겨 스케이팅 주니어로 주목받고 있었는데, 이후 올림픽이나 세계선수권과 같은 큰 대회에서 강력한 라이벌로 경쟁하게 되었다.

그랑프리 파이널, 세계선수권 대회에서 엎치락뒤치락하던 둘은 2010년 밴쿠버 동계올림픽에서 만나게 되는데, 김연아 선수는 완벽한 연기를 보이며 세계 신기록을 달성했고, 130점대 초반을 받아 2위가 된 아사다 마오와 18.26점 차이로 세계 최초 150점을 넘은 선수가 되었다. 당시 김연아 선수의 프리 프로그램 연기가 끝나자 미국 NBC 스포츠 캐스터인 톰 해먼드는 "대관식이 끝났습니다. 여왕 폐하 만세!"라며 그녀의 올림픽 금메달을 미리 축하했다고 한다.

마지막으로 박세리 선수는 대한민국 여자 골프의 전설이라고 할 수 있다. 미국 LPGA 25승 메이저 투어 5승, 연장전 6전 6승이라는 기록은 누구도 달성할 수 없는 기록이다. 그녀는 초등학교 6학년 때부터 골프를 시작했는데 훈련장에서 새벽 2시까지 남아 훈련했다고 한다. 그녀는 고등학교 3학년 때 아마추어 신분으로 국내 10여 개 정도의 KLPGA 대회 중에서 4개 대회를 우승했다.

3년 뒤에 LPGA 투어에 처음 참가하게 되는데 참가하자마자 LPGA 챔피언십에서 우승하고, US 여자 오픈에서 다시 한번 우승을 차지하게 된다. 이때 그 유명한 연못에서의 맨발 샷이 나오게 된다. 당시 우승을 두고 선두와 1타 차로 뒤지고 있었는데, 그녀는 포기하지 않고 맨발로 연못에 들어가 샷을 하고 동점을 만들어 연장까지 가서 우승을 차지했다. 이 사건으로 그녀는 당시 IMF로 힘들어하던 국민에게 끝까지 포기하지 않는 것이 중요하다는 사실을 일깨워주었다.

◆ 우리도 유대인들처럼 전 세계를 무대로 해야 한다

"학교가 끝나면 대부분 많은 어머니가 '오늘은 무엇을 배웠니?'라고 묻는다. 하지만 나의 어머니는 늘 이렇게 물었다. '오늘 선생님께 어떤 좋은 질문을 했니?' 바로 이 차이가 나를 과학자로 만들었다."

유대인 노벨 물리학상 수상자 '이지도어 라비'의 말이다. 유대인들은 토론 중심의 전통적인 학습법으로 아이들을 가르치는 것으로 유명한데 이를 하브루타 학습법이라고 한다. 유대인들은 어떻게 그들의 전통을 이어왔을까?

해리스는 인도인이고 그녀의 남편 엠호프는 유대인이다. 그래서 결혼식이 끝나고 그녀는 인도의 전통대로 신랑에게 목걸이 화환을 둘러주었고, 엠호프는 유대인의 전통대로 유리잔을 밟아 깼다. 유리잔을 깨는 전통은 탈무드에서 비롯되었는데, 유랑에 대한 슬픔을 깨뜨린다는 의미와 예루살렘 성전의 붕괴에 대한 슬픔을 되새기는 각성의 의미를 내포하고 있다. 그만큼 유대인들에게는 정착이 민족의 염원이었고 꿈이었다.

유대인들은 오랫동안 고난 속에 살았다. 영화 '벤허'를 보면 나사렛 땅에서 유대인들이 로마인들에게 어떻게 핍박받았는지 잘 알 수

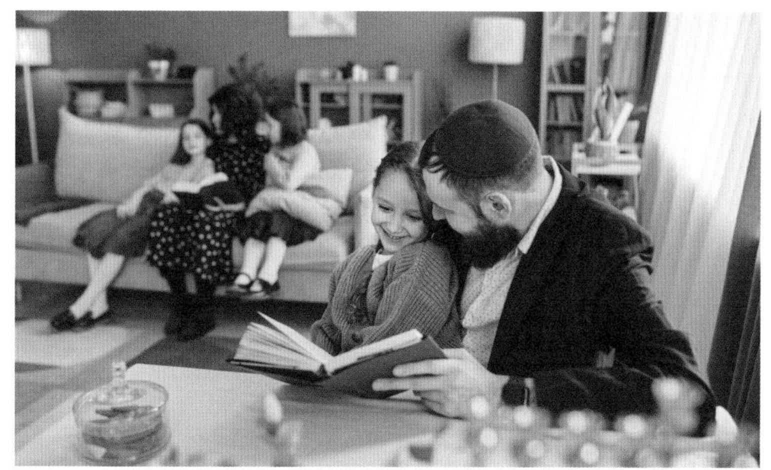

▲ 하브루타 학습법으로 유명한 유대인

있다. 로마인들은 유대인들의 우연한 실수를 고의적인 범죄로 몰아 잡아가고 누명을 씌워 노예로 끌고 갔다. 서기 73년, 960명의 유대인은 예루살렘 남쪽에 있는 마사다 요새에서 로마인들에 대항하다 요새 안에서 모두 자결했다. 그로부터 약 60년 뒤에도 로마에 반란을 일으켰지만 진압되었고, 그들은 그때부터 살 곳을 잃어버렸다. 이후 유대인은 유럽 전역에서 유랑 생활을 했는데, 로마가 기독교를 공인하고 유대인들에게 농사와 토지 소유를 금지해 대부업이나 상업으로 먹고 살 수밖에 없었다.

중세 시대에는 스페인에서 기독교로 개종하지 않는 유대인들을 추방했고 십자군 원정 때는 유대인을 이슬람교도와 똑같이 취급하여 예루살렘에서 회당에 불을 질러 유대인들이 산 채로 죽게 했다. 17세기 동유럽에서 있었던 유대인 대학살과 19세기 러시아의 유대인 박

해로 인해 유대인들은 프랑스, 독일, 영국과 미국으로 이주하기 시작했다.

1차 세계대전이 일어났을 때 독일에 있던 유대인들은 독일을 지지했다. 그들은 독일이 자신들을 박해했던 러시아와 동유럽을 응징해 줄 거라 믿었지만 독일은 패배했고, 2차 세계대전을 일으킨 독일 히틀러의 홀로코스트로 약 600만 명의 유대인들이 학살당했다.

하지만 유대인들은 강인한 민족의식으로 어려울 때일수록 서로 결속했다. 그들이 전통을 이어올 수 있었던 비결이다. 그리고 1948년 드디어 그들만의 나라 이스라엘을 세우고 고난 속에서 부활했다. 유대인들은 미국의 정치, 경제, 과학, 문화, 언론 등 거의 모든 부문에서 활약하고 있다. 노벨 평화상을 받은 전 국무장관 헨리 키신저, 전 연방준비제도 이사회 의장 앨런 그린스펀과 벤 버냉키, 상대성이론을 창시한 천재 물리학자 아인슈타인, 세계 영화계를 움직이는 스티븐 스필버그까지 모두 유대인이다. 영국의 동인도 회사부터 시작해서 로스차일드 가문의 JP모건 체이스, 모건스탠리와 골드만삭스 등 미국의 대표적인 금융기관들이 모두 유대인 소유이다.

오늘날 전 세계 인구 중 유대인은 1,700만 명 정도이다. 우리나라 인구의 삼 분의 일밖에 안 되는 민족이 전 세계를 실질적으로 지배하고 있다. 특히 미국 인구의 2% 정도인 650만 명의 유대인들이 공동체를 만들어 미국을 사실상 지배하고 있는 상황과 '미국 대통령은 유대인이 뽑는다'라는 말이 왜 생겨났는지 생각해 보아야 한다. 그리고 우리도 전 세계를 무대로 해야 한다. 우리 민족의 우월성을 널리 알리고 그 영향력을 전 세계에 퍼뜨려야 한다. 그러려면 유대인들처럼 강한 민족의식을 통해 리더십을 키우고 전 세계로 뻗어나가야 한다.

◆ 아메리카의 한국 여성들

이미 우리나라 여성들은 아메리카 대륙에서 한계를 뛰어넘는 리더십을 보여주고 있다. 2022년 미국 연방 하원의원 선거에서 나란히 재선 의원이 된 한국계 여성의원 3인이 바로 그들이다. 먼저 '순자'라는 한국 이름으로 알려진 민주당 소속의 '메릴린 스트리클런드' 의원은 한인들이 많이 거주하는 터코마시를 포함한 워싱턴주 10선거구 의원이다. 워싱턴주를 대표하는 첫 한국계이자 흑인 여성의원인 그녀는 미국으로 건너와 터코마 시의원과 시장을 역임했는데 2024년 하원의원 선거에서도 당선이 유력하다.

한국 이름 '박은주'인 '미셸 박 스틸' 하원의원과 한국 이름이 '김영옥'인 '영 김' 하원의원은 캘리포니아주 하원의원이다. 미셸 박 스틸 의원은 서울에서 태어나 가족과 함께 미국으로 이주한 후, 1992년 LA 폭동 사태로 한인들이 억울하게 누명을 쓰는 모습을 보고 정계에 입문했다. 2006년 이후 여섯 번 이상 승리해 한인 사회에서 선거의 여왕이라 불린다.

영 김 의원은 친한파인 에드 로이스 하원의원의 보좌관으로 20년 넘게 일했으며, 하원의원이 된 이후에는 외교위원회에서 활약하며 한미의원연맹 부활에 앞장섰다. 이들의 지역구는 한인들이 많이 사는 오렌지카운티에 속해 있는데, 이민 1세대로서 민주당 텃밭으로 불리는 캘리포니아주에서 공화당 소속으로 당선되었기에 더 대단하다.

캐나다에서는 2009년 최초로 한국계 여성이 상원의원에 당선되었다. 서울에서 태어난 '연아 마틴'은 일곱 살에 가족과 함께 캐나다로 이민 가서 밴쿠버에 정착했다. 1987년 브리티시 컬럼비아 대학교에서 영문학과를 졸업하고 평범한 교사로 활동하던 그녀는 2003년에 비영리 기구인 'The Corean Canadian Coactive (C3) Society'를 공동 창설했다. 2008년에는 캐나다 연방 선거에 보수당 후보로 출마해서 낙선했으나, 2009년에는 스티븐 하퍼 총리에 의해 캐나다 브리티시 컬럼비아주 상원의원에 선출되었다.

한국은 지금도 세계로 뻗어나가고 있다. 그리고 그 속에는 한 민족이라는 우리만의 강한 정체성이 들어있다. 이 상황에서 우리의 역할은 우리 자녀들에게 그 정체성을 심어 주는 것이다. 그리고 전 세계에서 각자 성공할 수 있는 기본적인 능력을 키워 주는 것이다.

4

해리스의 성공 비밀

◆ 그릇 키우기

사람들은 누구나 수동적일 때 가장 편안함을 느낀다. 다른 말로 하면 능동적인 역할을 해야 하는 리더가 되고 싶어하지 않는다. 아니 정확하게 말하면 리더는 되고 싶지만, 리더의 역할과 책임은 지고 싶어하지 않는다. 물론 권력에 대한 욕심이 있으면 모르겠지만 대부분의 사람은 수동적일 때가 많다. 돈도 마찬가지이다. 돈을 많이 벌고 싶다는 욕심은 많지만, 돈을 담을 수 있는 그릇은 작다. 돈 그릇이 작으면 아무리 많은 돈이 들어와도 흘러넘치고 결국 모조리 나가버리고 만다. 그러면 선택은 두 가지이다. 욕심을 줄이던지, 아니면 돈 그릇을 키워야 한다.

욕심을 줄이고 싶으면 주어진 삶에 만족하고 주변 사람들과 나누며 소소하지만 확실한 행복을 누리면서 살면 된다. 반대로 돈 그릇을 키우고 싶다면 돈을 다루는 능력을 키워야 한다. 이것은 돈에 대한 자신만의 기준과 경험을 통해서만 키울 수 있다. 돈을 많이 벌어 부자가 되고 싶은가? 그러면 돈을 잘 다룰 줄 알아야 한다.

사람이 돈 때문에 저지르는 실수 중 90퍼센트는 잘못된 타이밍과 선택으로 인해 일어난다. 돈뿐만이 아니다. 우리가 성공하기 위해서는 우리의 그릇이 커야 한다. 그리고 우리가 올바른 타이밍에 올바른 선택을 하기 위한 올바른 기준을 가지고 있어야 한다. 남들이 만든 기준이 아닌 자신만의 기준 말이다. 나만의 원칙과 기준을 만들기 위해 해리스의 성공 비밀을 살펴보자.

◆ 그녀의 성공 비밀 - 세 가지 원칙

앞에서도 보았듯이 해리스는 여섯 번의 선거에서 한 번도 진 적이 없다. 그녀는 어떻게 한 번도 지지 않고 성공할 수 있었을까? 앞에서 살펴본 바와 같이 해리스의 성공 비밀에는 세 가지 원칙과 다섯 가지 방법이 있다.

첫 번째 원칙, 기회를 잡아라. 그녀가 바이든 대통령의 후보 사퇴 이후 기회를 잡는 모습은 앞에서 살펴보았다. 그녀는 자신의 인생에서 기회를 한 번도 놓친 적이 없었다. 상원의원으로 트럼프 행정부 인사들을 대상으로 청문회 할 때도 사자가 풀을 뜯고 있는 사슴을 덮치듯 기회를 놓치지 않았다.

두 번째 원칙, 실행하라. 그녀는 '형사 사법 제도'를 변화시키기 위한 그녀의 신념을 실행하는 데 주저하지 않았다. 샌프란시스코 지방 검사장에 당선되었을 때도 '백 온 트랙' 등 그녀가 생각했던 개혁을 즉시 시행했다.

세 번째 원칙, 최선을 다하라. 그녀는 캘리포니아주 법무부 장관 시절 아동 성범죄의 온상인 '백페이지'를 무너뜨리기 위해 최선을 다했다. 통신품위법이라는 연방법을 고치지 못해 아동 성매매에 대한 기소는 기각되었으나 자금 세탁 혐의를 통해 결국 백페이지를 무너뜨리는 데 성공했다.

◆ 그녀의 성공 비밀 - 다섯 가지 방법

해리스는 성공하기 위해 다섯 가지 방법을 사용했다.

첫째, 매력을 길러라. 그녀는 따뜻한 심장과 연민을 가진 지적이고 매력적인 캘리포니아주 검사였다. 또한 상원의원이 되어서도 신세대와 소통하며 그녀의 매력을 기르는 데 게을리하지 않았다.

둘째, 계속 성장하라. 그녀는 로스쿨을 졸업한 후에도 놀라운 속도로 계속 성장해 나갔다. 이후로도 부통령이 되기까지 한 번도 성장을 멈춘 적이 없었다.

셋째, 확고한 주관과 믿음을 가져라. 그녀는 어머니에게 물려받은 정신을 바탕으로 자신만의 확고한 주관을 만들었다. 그리고 자신을 향한 믿음을 가지고 진정한 자아를 발견했다.

넷째, 자기 일에 집중하라. 그녀는 자기 일에 항상 집중했고 난관에 부딪혔을 때 회피하지 않고 어떻게 하면 넘어갈 수 있을지를 고민했다.

다섯째, 세상을 변화시켜라. 그녀는 보석금 제도, 경찰들의 인종적인 선입견을 바꾸기 위해 법을 바꾸고 프로그램을 만들었다. 그녀는 세상을 변화시킨 여자였다. 그리고 이를 통해 성공할 수 있었다. 다만 성공하기 위해서는 주의해야 할 것들이 있다.

◆ 성공하기 위해 주의해야 할 세 가지

해리스처럼 우리도 우리만의 원칙과 방법을 만들어야 한다. 또한 스스로 가진 가능성을 바라보고 멋진 인생을 살아야 한다. 하지만 여기서 몇 가지 주의할 점들을 기억해야 한다.

첫째는 집착을 버려야 한다. 어떤 것에 집착하게 되면 우리의 에너지는 자연스러운 운을 타지 못하게 된다. 집착하는 것에 불필요하게 에너지가 쌓여버리게 된다.

둘째는 조급해하지 말아야 한다. 나의 운은 세 시간 뒤에 올 예정인데 조급한 나머지 한 시간 안에 행동을 해버리게 되면 나의 운은 그냥 지나가 버리게 된다. 따라서 긍정적인 에너지의 흐름을 타는 것이 중요하다.

셋째는 내면의 목소리에 귀 기울여야 한다. 주위 소음을 줄이고 내 마음속 소리를 들을 수 있는 시간을 가지면 우리가 어떤 방향으로 가야 할지 알 수 있게 된다.

◆ 우리는 대리석 조각이다

우리는 아직 형태를 알 수 없는 대리석 조각이다. 오른쪽도 깎아보고 왼쪽도 깎아보아야지 어느 쪽이 진짜 우리가 가진 형태인지 알 수 있다. 그래서 많은 시도를 해봐야 한다.

시도하고 실패했다고 해서 좌절할 필요가 없다. 열심히 다른 쪽을 깎다 보면 분명히 본래 가진 우리의 형태가 나오게 된다. 우리가 성공하기 위해서는 지금까지 살펴본 해리스의 인생 성공 법칙들을 가슴에 새기고 자기 것으로 습득하기 위해 노력해야 한다. 그러면 우리는 마침내 성공할 수 있을 것이다. 그리고 자신에게 온 기회를 과감한 실행력으로 붙잡을 때 그녀처럼 성공할 수 있을 것이다.

> **해리스의 성공 법칙 6 : 나만의 원칙과 강한 실행력으로 기회를 붙잡아라!**

7장

날개를 펼쳐라

1

우리의 생각

◆ 생각은 에너지다

우리의 생각은 에너지다. 러시아 물리학자이자 작가인 바딤 젤란드의 책 『리얼리티 트랜서핑』에 보면 다음과 같은 구절이 나온다.

> 자연 속의 모든 것은 균형 상태를 유지하려고 애쓴다. 행동뿐만 아니라 생각도 균형을 깨뜨릴 수 있다. 그것은 생각 뒤에 행동이 뒤따른다는 이유 때문만은 아니다.
>
> 생각은 에너지를 방사한다. 물질적인 세계에서도 모든 것은 에너지에 기반해 있다. 보이지 않는 에너지 차원에서 일어나는 모든 것은 보이는 물질의 세계에 그대로 반영된다.
>
> 우리가 어떤 대상에 지나치게 큰 의미와 중요성을 부여할 때, 사념 에

> 너지는 잉여 포텐셜을 만들어낸다. 에너지의 잉여 포텐셜이 존재할 수 있는 모든 곳에는 불균형을 제거하려는 균형력이 나타난다.

사실 이 세상의 모든 물질이 에너지라는 것은 아인슈타인이 질량 에너지 등가 방정식을 통해 이미 증명했다. 그렇다면 우리의 생각도 에너지가 아닐 이유가 없다.

생각은 우리 뇌 속에서 전기 신호를 만들어내기 때문이다. 인간의 뇌에는 신경세포인 뉴런이 약 1,000억 개 정도 있다고 추정된다. 그리고 뉴런들은 신경전달 물질을 통해 전기 신호인 전자의 흐름으로 소통한다.

양자역학 관점에서도 우리의 생각이나 의식은 파동을 가지고 있다. 따라서 우리의 생각이 만들어낸 파동과 유사한 현실이 우리 주변에 발생하게 된다. 파동에 의해 입자는 확률에 따라 존재하게 되고 현실도 마찬가지로 확률적으로 실현된다.

우리가 즐거운 생각과 창의적이고 희망찬 생각으로 가득 차 있다면 우리 현실은 즐겁고 희망찬 현실이 될 확률이 높아진다. 이번 대선에서는 졌지만 해리스의 긍정적인 생각과 에너지가 그녀가 대통령이 될 확률을 높여 주었음이 분명하다.

2

미국 정치에서 카멀라 해리스의 의미

◆ 미국 선거인단 제도

미국은 연방제이다. 미국을 지칭할 때 'These United State America'라고 하듯이 미국은 여러 나라가 모여 만든 연방국이다.

프랑스 정치가 '알렉시 드 토크빌'은 『미국의 민주주의』라는 책을 썼는데, 미국 역사와 정치제도 연구에 있어 가장 영향력 있는 고전으로 꼽힌다. 프랑스의 민주주의는 왕정이었으므로 권력이 집중되는 것을 당연히 여겼고, 다만 결정권자를 내 손으로 뽑을 수 있으면 되었다. 하지만 미국은 영국으로부터 독립된 주권을 가지고 중앙정부에 권력을 부여했기 때문에, 그는 책에서 미국의 민주주의가 프랑스의 민주주의와는 본질적인 정신과 형태가 다르다고 언급했다.

미국은 영국으로부터 독립 후 열세 개의 주가 필라델피아에 모여

▲ 러쉬모어산 정상 암벽에 새겨진 네 명의 미국 대통령들

최초의 미국 헌법을 만들었다. 프랑스의 헌법은 체계가 잡힌 국가의 권력을 민중에게 어떻게 나눌지에 대해 정의한 이상적인 헌법이지만, 미국의 헌법은 열세 개의 서로 다른 이권을 위해 타협과 협상으로 만들어진 현실적인 헌법이다.

조지 워싱턴, 알렉산더 해밀턴, 토머스 제퍼슨 등 미국 건국의 아버지들은 의회가 가장 강한 권력을 가지기를 바랐다. 그래서 공화정이라는 왕이 없는 나라를 만들기 위해 그리스와 로마의 역사를 바탕으로 미국을 세웠다.

또 그들은 율리우스 시저와 같은 민중의 선동가에 의해 민주주의를 정치적으로 이용할 수도 있으므로 너무 민주주의로 치우치면 안 된다고 생각했다.

알렉산더 해밀턴은 "우리가 너무 민주주의로 치우치게 되면 왕정이나 또 다른 독재로 뻗어나갈 수밖에 없다"라고 했고, 토머스 제퍼슨도 "민주주의는 51%의 사람이 나머지 49%의 사람의 권리를 빼앗을 수 있는 제도이다"라고 했다.

4대 대통령인 제임스 매디슨도 "민주 국가들은 그 삶이 짧았고 그 죽음은 폭력적이었다"라고 했으며, 존 애덤스도 "민주 국가 중에서 자살하지 않는 국가는 없다"라고 했다.

건국 초기에는 아예 대통령을 만들지 말자는 얘기도 있었는데, 다른 나라와의 외교 관계에 국가 원수는 없으면 안 되는 존재였다. 또한 의회에서 대통령을 뽑는 간접선거를 채택했는데, 그 이유는 직접선거로 선출되는 의회 의원들과 달리 대통령은 독립적인 주들이 모인 연방의 집행권자에 불과하기 때문이었다.

하지만 간접선거를 하게 되었을 때 인구가 많은 주와 적은 주의 이권 충돌이 생겼다. 인구가 적은 코네티컷이나 로드 아일랜드 같은 주는 인구 비례로 의원을 뽑는 것을 반대했다. 그래서 선거인단 제도가 생겨난 것이다. 선거인단을 위해 주마다 두 명씩 상원의원을 두되 각 주의 인구 비율대로 하원의원을 두었다.

이렇게 상원의원 100석과 하원의원 435석이 만들어졌다. 그리고 워싱턴 D.C.에 세 명의 선거인을 배정하고 주별로 선거인단을 의원 수만큼 선거인을 배분해 총 538명의 선거인단이 만들어진 것이다. 주별로 승자독식 하게 되는 미국 대선 제도 속에서 해리스는 안타깝게 트럼프에게 지고 말았다. 하지만 그녀는 민주당 대선 후보로서 최선을 다했다.

◆ 이제 시작이다

2016년 트럼프와 힐러리 클린턴의 대결에서와 마찬가지로 해리스는 트럼프에게 밀리고 말았다. 하지만 그녀가 최초 흑인 여성 대통령 후보로 나왔다는 것 자체만으로도 큰 의미가 있다. 아메리칸드림을 이룰 수 있는 세계 최고의 자유주의 국가라고는 하지만 엄연히 인종 차별과 남녀 차별이 존재하는 곳이기 때문이다. 특히 미국 정치계는 흑인 여성들에게 유리 천장으로 막혀 있었다고 볼 수 있다. 그리고 그녀는 최초의 흑인 여성 대통령 후보로 나와 그것을 깨버렸다는 것만으로 미국 정치계에 새로운 역사를 썼다.

오바마 전 대통령이 처음 미국 대통령에 당선되었을 때도 그랬다. 그는 백인 위주의 미국 정치계를 뒤흔들었으며, 아직도 민주당의 핵심 정치인으로 활동하고 있다. 우리는 불가능이란 존재하지 않는 그 정신을 본받아야 한다. 그리고 무슨 분야에서든 성공을 위해 우리가 어떤 태도를 가져야 하는지 고민해야 한다.

나는 특정 정당을 지지하는 사람은 아니다. 또한 나의 직업상 우리나라의 특정 정당을 공개적으로 지지해서는 안 되며, 지지하는 것이 아무 의미도 없다고 생각한다. 하지만 우리나라와 미국의 정치인을 비교하는 일은 우리의 자세를 되돌아볼 수 있다는 의미가 있다.

다음은 언론 기자들에게 우리나라의 한 정치인이 했던 말이다.

"여러분은 진실을 보도하기는커녕 마치 검찰의 애완견처럼 주는 정보 받아서 열심히 왜곡, 조작하고 있지 않습니까? 이런 여러분은 왜 보호받아야 합니까?"

반면, 오바마 전 대통령은 마지막 기자회견에서 이렇게 말했다.

"기자님들 덕분에 우리는 해야 할 일을 어떻게 하고 있는지, 국민의 요구를 제대로 따르고 있는지 생각해 볼 수 있었습니다. 당신은 아첨꾼이 돼서는 안 되고, 회의적이어야 하며 우리에게 어려운 질문을 해야 합니다. 저는 민주주의를 위해 여러분의 특별한 봉사에 감사드리고 싶습니다. 감사합니다."

물론 이 발언은 각 상황과 맥락을 고려해서 받아들여야 한다. 하지만 정치에 큰 영향을 미치는 언론에 대해 한 나라의 정치 지도자로서 대하는 태도에 대해서는 다시 한번 생각해 볼 필요가 있다. 우리나라 정치인의 말에는 부정적인 에너지가 있지만, 오바마 전 대통령의 말에는 긍정적인 에너지가 담겨 있다.

해리스도 그와 마찬가지로 긍정적인 에너지로 넘치는 여성이다. 그리고 그녀는 다음 대선에 도전해 반드시 성공할 것이라 나는 생각한다. 그녀에게 이제 시작일 뿐이다.

◆ 그녀가 만들어갈 미국 - 임신이 기저질환인 나라

미국은 선진국이지만 아직 제도적으로 낙후된 부분이 많은 나라이다. 해리스가 법무부 장관에 당선되었을 때 자주 다녔던 치과가 있었다. 어느 날 그녀가 치과 검신을 위해 들렀을 때 그곳에서 일하는 치위생사인 크리스털이 임신했다는 사실을 알고 축하해주었다. 하지만 크리스털의 이야기를 듣고 해리스는 깜짝 놀랐다.

크리스털은 당시 민영의료보험에 가입된 상태였는데, 임신 관련 보장 보험을 신청하러 보험사에 갔다. 그런데 보험설계사는 그녀가 기저질환이 있다는 이유로 신청을 거부했다. 보험사는 크리스털의 임신을 기저질환이라고 정의했다. 결국 그녀는 임신 6개월 동안 초음파 검사도 받아보지 못했다. 이때 해리스는 건강보험 개혁이 필요하다는 것을 실감하고 오바마 케어(Affordable Care Act, ACA)를 적극 지지했다. 그녀는 지금도 여성의 기본 권리 중 하나인 낙태 금지법을 철폐하기 위해 노력 중이다.

3

운은 자기 자신이 만들 수 있을까?

◆ 그녀가 캘리포니아에서 태어난 이유

해리스가 캘리포니아에서 태어나지 않았다면 지금 어떻게 되었을까? 그것은 본인도 상상하기 힘들 것이다. 왜냐하면 흑인 아시아계 여성으로서 다른 주에서 주 법무부 장관이 되거나 연방 상원의원이 되기는 쉽지 않았을 것이기 때문이다.

미국은 정치적으로 주를 구분할 때 레드 스테이트와 블루 스테이트로 나눈다. 독자들도 바로 감이 왔겠지만 레드 스테이트가 빨간색 당색을 가진 공화당을 지지하는 주들이고, 블루 스테이트가 파란색 당색을 가진 민주당을 지지하는 주들이다. 텍사스, 루이지애나를 비롯한 남부 지역들은 전통적인 레드 스테이트이고, 캘리포니아를 비롯한 서부 해안가와 뉴욕, 매사추세츠를 비롯한 북동부 지역들은 블루 스테이트이다.

캘리포니아는 예전에는 공화당이 약간 우세한 지역이었지만 90년대부터 민주당 성향으로 변했다. 1864년부터 1928년까지 세 번(1880년, 1892년, 1916년)을 빼고 모두 공화당이 이겼고, 프랭클린 루스벨트 대통령 이후에는 민주당이 우세했지만 1952년~1992년 40년이라는 오랫동안 공화당이 우세했다. 하지만 이민자들이 많던 캘리포니아주는 인종에 대한 변수, 그리고 실리콘 밸리에 진보 성향의 젊은 백인들이 대거 이주하면서 판도가 바뀌게 되었다. 심지어 2008년 선거 때부터는 공화당 후보가 유세도 못 가는 지역이 되어 버린다. 이 때문에 공화당에서는 매우 어렵고, 절대 이길 수 없는 주가 되어 버렸다.

2020년 선거에서는 캘리포니아주에서 민주당 바이든 후보가 무려 63.5% 득표를 얻으며 압승을 거두었다. 더욱이 캘리포니아주는 미국의 주 중에서 인구 1위인 주로서 55명의 압도적인 미국 최대 선거인단 수를 자랑한다. 캘리포니아주는 미국 대통령 선거의 전체 선거인단 중 무려 10% 이상을 차지하는 핵심 지역이다.

◆ 운을 우리가 만들 수 있는가?

인생에서 성공하는 방법은 아주 많다. 각자 자기만의 재능과 운을 가지고 있기 때문이다. 미국 부통령까지 올라간 해리스도 마찬가지이다. 해리스는 끈기와 배짱, 그리고 자신을 향한 믿음을 가지고 지금까지 왔다.

미국은 변화하고 있다. 오바마 대통령을 거치면서 흔히 PC라 불리는 정치적 올바름이 대중화되었고, 이에 염증이 난 국민은 광신교도들처럼 트럼프를 대통령으로 만들었다. 그리고 첫 임기를 마친 트럼프는 재선에 성공하지 못했다. 그러나 트럼프는 또다시 도전하여 이번에도 대통령이 되었다.

나는 7월에 벌어진 트럼프 총격 사건을 잊을 수가 없다. 트럼프가 고개를 돌리지 않았더라면, 저격수가 1초만 늦게 사격했더라면, 트럼프는 지금 이 세상 사람이 아닐 것이다. 그는 정말 신의 축복을 받은 자인가? 운은 과연 사람이 만들 수 있는가? 나는 이 질문을 수없이 했다. 그리고 다음과 같은 결론을 내렸다. 몹시 어렵지만 운은 사람이 만들 수 있다고.

우리는 모두 에너지를 가지고 있다. 긍정적인 에너지, 부정적인 에너지 모두 우리 일상에 녹아 있다. 두 가지 에너지 모두 엄청난 파워가 있다. 그리고 이 에너지는 흐름을 가진다. 긍정적인 에너지를 가진 사람 옆에 있으면 긍정적으로 변한다. 우리가 긍정적인 에너지를 가지려고 노력하면 좋은 운을 만들 수 있다.

이번 대선에서 미디어를 통해 본 두 후보 중 긍정적인 에너지는 해리스에게 더 많았다. 하지만 2016년 힐러리 클린턴을 막판에 역전했던 도널드 트럼프의 저력을 이번에도 막을 수는 없었다. 그러나 해리스 또다시 도전할 것이다. 그녀처럼 긍정적인 에너지가 우리를 더 발전하게 만들고 결국에는 성공으로 이끄는 원동력이 분명하다.

◆ 자신만의 날개를 펼쳐라

이스라엘의 우화 중에는 '새들의 불평'이라는 이야기가 있다.

하나님이 세상을 창조하고 여러 가지 동물들을 만들어 에덴동산에 살게 하였다. 그런데 새들은 입이 뾰로통하게 튀어나오며 불평하기 시작했다. 말 많은 촉새가 먼저 말했다.

"다른 동물들은 튼튼한 다리가 네 개나 있어 많이 걸어도 다리가 안 아프고 빨리 달릴 수도 있는데 우리 다리는 이게 뭐야?"

이번에는 황새가 투덜거리며 말했다.

"게다가 양쪽 어깨에 무거운 짐을 지고 다니느라 빨리 뛰지도 못해."

새들이 불평을 쏟아내는 소리를 듣고 하나님이 말씀하셨다.

"너희들의 어깨에 달린 것은 무거운 짐이 아니니라. 너희에게 주는 특별한 선물이니라."

잠시 후 용기 있는 독수리가 먼저 어깨에 붙은 무거운 짐을 움직여보았다. 그랬더니 몸이 갑자기 깃털처럼 가벼워지더니 공중으로 붕 떠올랐다. 새들은 그제야 어깨에 무겁게 지고 있던 날개가 하늘을 가르며 더 멀리, 그리고 더 빨리 날 수 있는 선물임을 깨달았다. 우리도 각자가 가진 것이 새들의 날개처럼 선물임을 깨달아야 한다. 이제는 우리가 독수리처럼 날개를 펼칠 때이다.

해리스의 성공 법칙 7 : 긍정적인 에너지로 운을 만들고 자신만의 날개를 펼쳐라!

이제 씨앗을 심어야 할 때이다

"꿈을 꾸어라. 그러면 그 꿈이 당신을 만들 것이다. (Build a dream and the dream will build you)"

이 말은 미국의 노벨경제학상 수상자인 로버트 실러가 했던 격언이다. 이 말을 처음 들었을 때는 단순히 좋은 글귀 중 하나라고 생각했다. 하지만 지금은 이 말이 정확히 무엇을 뜻하는지 알고 있다. 그리고 카멀라 해리스의 성공을 다룬 이 책을 끝까지 읽은 여러분도 이 말이 무엇을 뜻하는지 알게 되었을 것이다.

나는 두 딸을 둔 아빠이다. 첫째는 초등학교에 들어갔고 둘째는 올해 막 태어났다. 첫째는 사랑스럽고 둘째는 그저 귀엽기만 하다. 그런데 우리나라에서 아이를 키운다는 건 쉬운 일이 아니라는 것을 알 것이다. 학원비나 사교육비 같은 흔히 얘기하는 비용 문제가 아니라, 경쟁이 너무 치열해서 아이들이 자기 생각과 마음을 키울 곳이 없다는 것이 문제이다. 아이를 데려다주려고 학원 건물 엘리베이터를 타면 거기에 아이들 점수표가 버젓이 붙어 있다. 학부모인 나도 충격적인데 당사자인 아이들은 그 점수표를 보면서 무슨 생각을 할까?

나는 2024년 미국 대선 주자로 갑자기 나와 돌풍을 일으킨 카멀라 해리스를 보면서 우리 아이들이 해리스 같은 사람으로 크면 얼마나 좋을까 하는 생각을 하게 되었다. 그녀처럼 똑 부러진 자기 주관, 굽힐 줄 모르는 끈기, 그리고 누구에게도 지지 않는 담대함을 가진 사람이 되면 좋겠다. 우리 딸들이 자기만의 꿈을 꾸고 그것을 이룰 힘을 키울 수 있다면 그보다 좋은 일이 어디 있을까?

이제 막 사회로 나아가는 젊은이들 또한 해리스 같은 성공을 이루기를 바라는 마음으로 이 책을 썼다. 학교에서 배우지 못한 것들을 이렇게라도 배우고 사회로 나아간다면 이번 '한강' 작가가 받은 노벨상을 여러분도 받지 못하리라는 법은 없다. 행여 노벨상을 받지 못하더라도 최소한 각자의 삶에서 성공하기 위해 어떻게 살아가야 하는지 방향을 잡는 데 조금이나마 도움이 되기를 바란다.

마지막으로 부족한 이 책을 끝까지 읽어주신 독자들에게 감사드리고 싶다. 그리고 책을 쓰는 동안 홀로 육아하느라 고생한 사랑하는 아내에게도 깊은 감사를 전한다.

참고문헌

1 https://www.jejuinnews.co.kr/news/articleView.html?idxno=328110

2 https://www.npr.org/2024/03/06/1236295096/super-tuesday-results-uncommitted-biden-gaza-israel

3 https://www.theguardian.com/us-news/article/2024/jun/28/biden-trump-first-presidential-debate

4 https://19thnews.org/2022/01/maggy-krell-backpage-trafficking/

5 https://www.donga.com/news/Culture/article/all/20240401/124260605/1

6 라틴 아메리카 역사 다이제스트 100, 이강혁, p.124

7 대항해시대, 주경철, p65

8 연금술사, 파울로 코엘료, p.241~242

9 https://www.yna.co.kr/view/AKR20210304167000009

10 https://www.nbcnews.com/politics/congress/pelosi-top-democrats-unveil-police-reform-bill-n1227376

11 https://m.health.chosun.com/svc/news_view.html?contid=2023022202317

12 https://www.prospectmagazine.co.uk/culture/67618/is-kamala-harris-dancing-to-victory

13 우리가 가진 진실(카멀라 해리스 자서전) p.150~151

REEDOM